내 인생을 바꾸는
세계의 일자리

국내를 넘어 글로벌 잡에서 희망을 찾다

내 인생을 바꾸는

# 세계의 일자리

| 김준성 지음 |

평 단

"선생님, 세계적으로 전망 좋은 직업에는 어떤 것들이 있습니까?"

내가 가장 많이 받는 질문이다. 그리고 이 책을 쓰게 된 이유는 바로 이 질문에 대한 답을 하기 위해서다.

지금부터 이 책을 통해 직업을 고민하는 청년들에게 나의 속내를 이야기해 볼까 한다. 나는 많은 젊은이가 이 책을 통해 희망을 품게 되기를 간절히 바라는 마음을 이 책에 담았다.

'근대 철학의 아버지'인 르네 데카르트(Rene Descartes, 1596~1650)의 직업은 네 개였다. 요즘 말로 하면 투잡족(Two Jobs)을 넘어 포잡족(Four Jobs)이었던 것이다. 그는 철학자이면서 수학자였고, 물리학자이면서 생리학자였다. 16~17세기 당시 많은 인재가 인간을 탐구하는 철학자를 꿈꿨다. 철학자가 되기 위해서는 정확성이 필요했고, 수치 계산을 통해 정확성을 키워 주는 수학을 함께 공부하는 경우가 많았다. 그래서 철학자를 소망하는 인재들 중 수학에 능통한 사람이 많았으며, 자연스럽게 철학자와 수학자를 겸하는 사람들이 생겨났다. 데카르트도 그러했다.

그 당시에는 많은 청년이 원하는 직업으로 철학자나 수학자를 꼽았지만, 지금은 더 이상 수학자나 철학자를 최고의 직업으로 생각하는 사람이 없다. 일자리를 쉽게 얻지 못할뿐더러, 보수도 일하는 것에 비해 신통치 않기 때문이다. 더불어 데카르트처럼 한 사람이 네 가지의 직업을 동시에 갖는 행운도 이제 우리에게는 먼 이야기가 될 듯하다.

그럼, 미래에 전망이 좋은 직업은 무엇일까? 이런 질문을 받게 되면 솔직히 정확한 답을 하기가 점점 어려워진다. 2008년 금융위기를 겪으면서 꿈의 직업이라 불리던 월가의 금융종사자들이 한순간에 무너지는 것을 보고 나서는 더욱 그렇다. 당시에 많은 인재가 금융인으로 진출하면서 전망과 큰 기대를 갖고 일을 시작했지만, 그해 9월 중순경에 발생한 리먼 브라더스의 파산 신청 사태 이후에 '금융계의 철밥통'으로 불리던 월가의 금융종사자들이 한순간에 길거리로 내몰리게 된 것이다. 당시 직업 평론가들은 금융인을 유망한 직종으로 전망하던 것에 대해 상당히 머쓱했을 것이다. 그래서 이제는 어떤 정답을 말하기보다는 트렌드만 말하는 편이 좀 더 현실적인 도움이 되지 않을까 한다. 최근의 트렌드를 몇 가지 짚어보자면 융합, 녹색, 경쟁, 스토리, 미학 관련 분야가 사업성이 높다는 평가를 받고 있다. 그래서 이쪽 분야가 앞으로 약 5년간은 전망이 좋을 것으로 기대된다.

또한 직업의 미래를 전망함에 있어서 빼놓을 수 없는 중요한 한 가지가 바로 1950년부터 시작된 FTA(Free Trade Agreement의 약자, 자유무역협정. 국가 간 상품의 자유로운 이동을 위해 모든 무역 장벽을 제거하는 협정)다. FTA의 여파는 점점 더 빨리 우리 사회 속에 나타나고 있고, 직업의 비전에 큰 영향을 미치고 있다.

1960년대 초반의 5,000만 달러에서 시작된 무역시장이 이제는 1조 달러가 넘는 큰 시장으로 변했다. 이를 통해 더 넓어진 무대에서 더 큰 꿈을 꿀 수 있게 된 한편 더 치열하게 경쟁해야 한다는 사실을 미루어 짐작할 수 있을 것이다.

우리나라의 젊은이들은 잘 알고 있다. 자원이 부족한 나라, 더욱이 분단된 조국이 얼마나 좋지 못한 환경인지에 대해서 말이다. 이런 환경적인 문제는 우리나라 젊은이들이 한편으로 짊어지고 가야 하는 짐일 것이다. 비록 우리나라의 자본환경이나 경제 상황이 조건적인 면에서 좋지 못하다 하더라도 우리는 글로벌 직업 시장에서 비전을 찾아야 한다고 생각한다. 그래서 나는 지난 7년간 여러 나라의 직업에 대해 연구했고, 지금도 계속 연구 중이다.

이러한 불안하고 불투명한 미래 속에서 우리나라 젊은이들이 보다 나은 직업을 선택하는 데 이 책이 조금이나마 도움이 되길 바란다. 그리고 다양한 나라에서 비전과 꿈, 직업적인 성취를 이루길 소망해 본다.

- 2014년 김준성

제3부

# 비전 있는 직업을 알아야 글로벌 인재가 될 수 있다!

There is nothing like dream
to create the future.
Utopia today,
flesh and blood tomorrow.

-Victor Hugo

# 1
CHAPTER

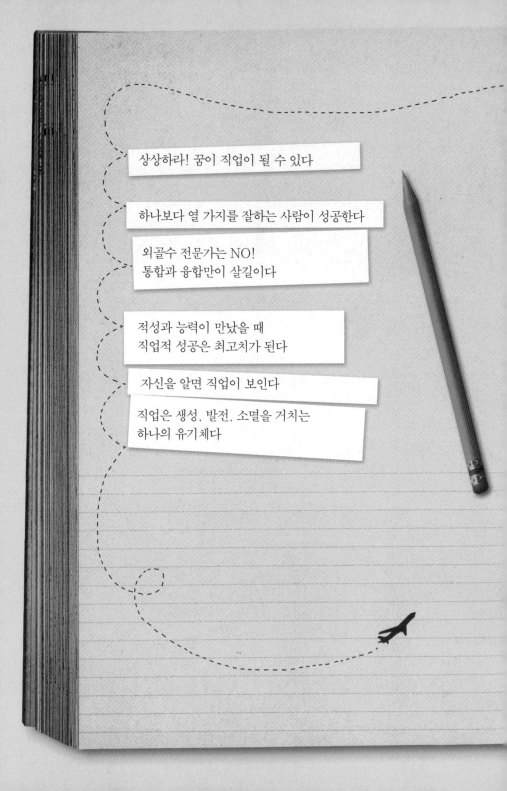

상상하라! 꿈이 직업이 될 수 있다

하나보다 열 가지를 잘하는 사람이 성공한다

외골수 전문가는 NO!
통합과 융합만이 살길이다

적성과 능력이 만났을 때
직업적 성공은 최고치가 된다

자신을 알면 직업이 보인다

직업은 생성, 발전, 소멸을 거치는
하나의 유기체다

Happiness

내게 행복을 주는 일,
어떻게 찾을 수 있을까?

# 상상하라!
## 꿈이 직업이 될 수 있다

상상하는 것은 현실로 이루어질까? 물론 상상한다고 모두 이루어지는 것은 아니지만 이루어지는 경우가 많다. 그래서 나는 사람들에게 '더 많이 상상하라'고 강조한다. 특히 자신의 직업에 대한 목표에 대해 자주 상상해 보라고 말하곤 한다. 자신이 원하는 직업을 찾고 그것에서 성취감을 맛보기 위해서는 더 자주, 더 정확하게 상상해 보는 것이 필요하다.

'우리에게 직업이란 무엇인가?' 이러한 상상을 즐기는 것은 직업의 진정한 가치를 알게 하고, 세상 속에서 직업을 통해 목표를 성취해 나갈 수 있게 해 준다.

사람들은 자신이 추구하는 목표를 갖고 있다. 목표 없이 앞만 보며 사는 사람도 많지만, 목표를 가진 사람과 가지지 못한 사람은 시간이 흐르면서 많은 차이를 보인다. 또 반대로 '차이'를 만들어 내기 위해서 목표는 반드시 필요하다. 이러한 목표를 우리는 '골(Goal)'이라고 말한다. 여기에 '커리어(Career)'라는 단어를 합성하면 '커리어 골(Career Goal)'이라는 단어가 탄생한다. 즉, 내가 이루고자 목표로 삼은 직업적 성취라는 의미로 해석할 수 있을 것이다. '상상하기'는 커리어 골의 차이를 만들어 내기 위해 가장 손쉽게 할 수 있는 일이다.

삶에서 커리어 골을 지닌 사람과 그렇지 않은 사람은 직업을 통해 얻는 성취의 정도가 크게 다르다. 하지만 커리어 골을 정하고 그것을 성취하는 과정은 결코 쉽지 않다. 내적인 요인이 아닌 외적인 요소 때문에 환경의 변화가 생기거나 예기치 않은 문제들로 상황이 변할 수 있기 때문이다.

한국에서 금융 공기업이 보수가 높던 시절 A는 높은 보수를 받으며 정년이 보장된 직업을 갖는 것을 자신의 커리어 골이라고 결정했고, 이를 위해 금융 공기업에 취업했다. 그런데 2008년, 미국 월가의 금융위기가 발발하자 한국 정부는 3번이나 연봉을 동결하거나 삭감하는 조치를 내렸다. 특히 신입 직원의 연봉은 기존보다 20퍼센트나 삭감되었다. 결국 그가 정한 커리어 골은 상당

부분 실패로 돌아가고 말았다.

이런 경우, 자신이 정한 커리어 골이 실패한 이유는 외부의 정책과 외부인의 의사 결정 때문이라 할 수 있다. 하지만 이런 경우에도 상상하기는 큰 도움이 된다.

커리어 골을 선택할 때에는 새로운 커리어 골을 상상할 시간이 반드시 필요하다. 직업을 구상하기 위해 상상하는 습관은 위기에 무너지지 않고 삶에서 열매를 거두는 길로 가는 지름길이 될 수 있다. 하루아침에 만들어질 수는 없겠지만, 성취 가능한 커리어 골을 정하기 위해서는 시간이 날 때마다 새로운 커리어 골을 만들어 가기 위한 상상을 하라. 무엇보다 시대 상황을 잘 읽고 자신에 대해 잘 알며 그에 맞는 커리어 골을 정하는 것이 좋다.

### 🎖 소셜 커머스 매니저(Social Commerce Manager)

상상하는 것이 이루어진다는 것을 가장 잘 반영한 사업이 소셜커머스이며, 그 일을 해내는 것이 바로 소셜커머스 매니저다.

소셜커머스(Social Commerce)는 소셜 네트워크 서비스(Social Network Service)를 이용해 일정 수 이상의 상품 구매자가 모이면 정해진 할인가로 상품을 제공·판매하는 방식을 말한다. 2005년 야후의 장바구니 공유서비스인 쇼퍼스피어 사이트를 통해 소개된 뒤 2008년 미국 시카고에서 설립된 온라인 할인쿠폰 업체인 그루폰이 소셜 커머스의 비즈니스 모델을 처음 만들어 성공을 거두었고, 현재 우리나라에서도 소셜커머스가 활발히 거래되고 있다. 종류 또한 다양해서 공동구매형 소셜, 오프라인 연동형 소셜, 웹형 소셜, 링크형 소셜 등으로 나뉜다. '소셜커머스 매니저'는 과거와 달리 온라인이 발달하면서 새로이 등장한 직업으로 여러 사람이 온라인상으로 저렴하게 물건을 구매할 수 있도록 돕는다.

물건을 판매하는 회사는 재고를 두지 않고 만들어 낸 물건의 대부분을 판매할 수 있으므로 이윤은 적지만 결과적으로 남는 장사가 된다. 파는 사람은 박리다매로 이윤을 남기고 사는 사람은 좋은 물건을 저렴하게 살 수 있어서 소셜커머스는 크게 각광을 받고 있다.

이제는 온라인을 통해 세계 각국의 구매자와 판매자가 언제 어디서나 만날 수 있고, 스마트폰이 대중화되어 어플리케이션으로 손쉽게 한 번의 클릭으로 소셜커머스에 접속할 수 있어 접근성이 높아졌다. 취급하는 품목도 여행상품, 음식, 쥬얼리, 메이크업 제품, 의류 등으로 늘어나 앞으로 시장의 발전성이 높아 많은 소비자의 유입이 예상된다.

재래시장이나 마트와 같이 오프라인에서 장 보는 것에 익숙한 50대 이상의 주부들과 다르게 20~40대 주부들은 온라인으로 시장 보는 것을 편리하게 여긴다. 가격이 오프라인에 비해 경제적일 뿐만 아니라 택배로 원하는 시간과 장소에 맞춰 배달해 주기도 하기 때문이다. 온라인에서 주부들의 구매력이 점점 더 커지고 있는 시장 상황에 비추어 주부들이 필요로 하고 원하는 물건을 좋은 품질과 합리적인 가격에 선택할 수 있도록 소셜커머스 매니저로 활약한다면 경쟁력을 가질 수 있을 것이다.

요즘은 스마트폰이 대중화되면서 소셜커머스를 통한 판매의 속도가 더욱 빨라졌다. 매일 판매하는 상품이 다르며, 판매된 수량은 그날그날 집계된다.

소셜커머스 매니저는 좀 더 합리적인 가격으로 다수에게 물건을 파는 일에 개입하는 전문가로서의 역할을 담당한다. 좋은 물건을 선정해 그 물건을 필요로 하는 다수의 사람이 저렴한 가격으로 사고, 또 판매자가 대량으로 팔 수 있도록 판매자와 구매자 사이의 징검다리 역할을 한다. 때로는 상품이 시중가격의 50퍼센트 이상 할인되어 판매되기도 한다.

사실 소셜커머스 매니저는 2008년 이후 온라인 거래가 많아지면서 새롭게 생겨난 직업으로 서서히 인기를 얻기 시작했다. 역사가 오래되진 않았지만 전자상거래 시장이 커지면서 이 분야의 전문가를 채용해서 사업을 확장하거나 새롭게 창업하려는 회사가 늘어나고 있다. 또한 인수합병을 통해서 소셜커머스 회사를 사들여 영향력을 키우려는 전략을 구상 중인 아마존과 구글 같은 온라인 회사들의 움직임도 있다. 한국의 티켓몬스터를 인수한 것

으로도 유명한 미국의 소셜커머스 업체인 리빙 소셜(Living Social)
도 소셜커머스 매니저들을 채용해서 온라인 시장에서 치열하게
경쟁하고 있다. 리빙 소셜 등의 업체는 하루에 100만 달러 이상
의 매출을 올리고 있다. 한국의 신세계도 이 분야의 전문가를 육
성하고 있다. 신세계 몰은 '해피바이러스'란 소셜커머스를 운영
중인데, 이런 사업들이 나중에 소셜커머스 매니저에게 안정적인
직장이 되어줄 것으로 전망된다.

## 〈소셜커머스 매니저〉가 되기 위한 준비 TIP

소셜 커머스 매니저라는 직업에 관심이 있다면 리빙 소셜에 입
사하는 것을 중간 단계의 커리어 골로 정하는 것도 좋다. 대부분
의 거래가 온라인상에서 이뤄지기 때문에 대학에서 컴퓨터공학
을 전공하면 도움이 될 수 있다. 하지만 필수사항은 아니다. 소셜
커머스 매니저는 무엇보다 상업적인 마인드가 강해야 한다. 이
분야에서 전문가가 되려면 대학에서 마케팅 심리학을 공부하는
것도 큰 도움이 될 것이다. 항상 현재 상황을 개선하고 좀 더 신
속하게 일을 처리해 나가고자 하는 의지가 높은 사람이 이런 직
업에 종사하면 좋다.

## 하나보다
## 열 가지를 잘하는 사람이 성공한다

'기업가들이 가장 원하는 인재는 어떤 유형일까?'

현재 그리고 미래에 기업이 가장 선호하는 인재의 유형은 바로 '통섭형(consilience) 인재'다. 통섭형 인재란 다양한 학문에 대한 지식을 축적하고 현장 경험을 통해 풍부한 지식 기반을 보유한 인재를 말한다. 이런 사람은 앞으로 기업에서 핵심적 역할을 하게 될 것이다.

대표적인 통섭형 인재로는 영국의 존 메이너드 케인스(John Maynard Keynes)를 들 수 있다. 그는 대학에서 수학을 전공했지만 문학, 미술, 음악, 경제학 등 다양한 학문을 경험했다. 최초로 선택한 직업은 공무원이었지만 다양한 지식을 습득하면서 우리가 잘 아는 '케인스 이론'을 만들어 경제학계의 거두로 성장한다. 돈을 버는 실무에도 능숙하며 이론에도 밝은 통섭형 인재로 성장한 것이다.

이제 기업은 자신의 전공 지식에만 갇힌 우물 안 개구리 스타일의 인재는 원하지 않는다. 케인스처럼 다양한 학문과 풍부한 세상 경험을 한 유연성 있는 인재를 원하고 있다. 다국적 기업들이 원하는 인재 또한 이런 통섭형 인재다.

통섭적 인재가 되기 위해서 가져야 할 것이 바로 복합적 역량이다. 쉽게 말하면, 커리어 골로 정한 직업과 관련된 지식을 여러 방면에서 다양하게 갖추라는 말이다. 물론 복합적 역량은 하루아침에 만들어지는 것이 아니다. 나에게 직업이란 어떤 의미로 다가오는지에 대해 깊이 고민해 보면서 자신이 원하는 직업을 갖기 위해 필요한 복합 역량을 갖추는 데 매진해야 한다.

## 🎖 국제 스포츠 외교관

복합적 역량을 키워서 도전해 볼 만한 직업 중에 국제 스포츠 외교관이 있다.

국제 스포츠 외교관은 국제 스포츠 대회가 자국에서 열릴 수 있도록 활동하는 외교관을 말한다. 국제 스포츠 외교관의 전망은 매우 밝다. 앞으로 인기를 얻게 될 직업 중 하나라 할 수 있다. 하지만 국제 스포츠 외교관이 되기 위해서는 반드시 복합적 역량을 키워야 한다.

국가와 국가 간의 관계에서 일어나는 일은 대부분 외교를 통해 이루어진다. 외교는 단지 외무부에서만 하는 것이 아니다. 외교를 하기 위해서는 외국어는 필수이자 기본이다. 세계적으로 이름 있는 국제 스포츠 대회를 자국에 유치하기 위해 활동하는 국제 스포츠 외교관의 경우는 더욱 그렇다. 외국어 능력과 스포츠 분야의 지식, 그리고 외교 능력까지 포함된 복합적 역량을 갖추어야 국제 스포츠 외교관으로 활동할 수 있다.

스포츠 외교력을 발휘해 국제 스포츠 대회를 유치하게 되면 여러 방면에서 긍정적인 효과를 창출할 수 있다. 경제적인 면은 물론 국가의 위상과 가치를 높이는 일에도 기여한다. 또한 국가 안보에도 직·간접적인 도움을 준다. 물론 모든 국제 스포츠 대회가 경제적인 이익을 가져오는 것은 아니다. 어떤 국제 대회들은 행사가 끝나고 나서도 경제적인 이익이 투자유치에 들어간 비용보다 적은 경우도 있다. 따라서 국제 스포츠 외교관은 나라에 도움이 될 수 있는 좋은 국제 스포츠 대회를 선택하고 유치해야 한다.

국제 스포츠 외교관은 우선 9급, 7급, 5급 공무원 시험을 통해 그 자격을 얻게 된다. 그중에서 각 경기 종목별로 오피니언 리더(Opinion Leader, 어떤 집단 내에서 타인의 사고방식이나 행동에 강한 영향을 주는 사람)를 정하게 된다. 그리고 오피니언 리더를 중심으로 농구, 배구, 축구, 수영, 육상, 야구 등 종목별 국제 대회를 어느 시기에 유치하는 것이 좋은지를 판단하고 기획한다. 올림픽이나 월드컵과 같이 규모가 큰 국제 대회를 유치하기 위해서는 프레젠테이션을 하기도 한다. 그래서 이런 분야에 대한 정보를 수집해야 한다.

## 〈국제 스포츠 외교관〉이 되기 위한 준비 **TIP**

국제 스포츠 외교관이 되려면 기본적으로 외국어를 능숙하게 구사해야 한다. 거기에 더하여 레저 스포츠 학과, 체육학과 등에서 스포츠 외교, 스포츠 경영학을 공부하는 준비가 필요하다. 항상 국제 스포츠 시장이 변하는 추세를 관찰하는 노력을 함께 한다면 이 분야의 전문가로 성장하는 데 도움이 될 것이다. 섬세한 감각을 지니고 스포츠 국제 대회에 관심을 키워 간다면 여성들도 도전해 볼 만한 훌륭한 직업이 될 것이다. 또한 대화하고 설득해서 자신의 의도를 관철시키는 외교력을 키워 가는 것도 이 분야의 길을 가고자 하는 사람들에게 필요한 준비라 할 수 있다. 축구선수 출신의 펠레가 브라질에서 체육부 장관에 오른 것도 그의 스타성, 체육에 대한 열정, 스포츠 이벤트 유치를 위한 노력 등 여러 가지 조건들이 충족되었기 때문에 가능한 일이었다고 할 수 있다.

# 외골수 전문가는 NO!
## 통합과 융합만이 살길이다

과거의 직업 양상을 살펴보면 독립적인 직업이 많았다. 자신의 분야에서 자신의 역할에 최선을 다하면 그것으로 직무를 훌륭히 수행하는 유능한 직업인으로 평가받을 수 있었다. 하지만 현재는 여러 분야에서 다른 지식과 기술, 기능이 복합적으로 결합하는 현상이 나타나고 있다. 이러한 현상을 '융복합'이라 한다.

지금도 그렇고 미래에 우리는 융복합 시대를 살아가게 될 것이다. 이런 추세로 미루어 본다면, 미래에는 융복합 지식과 기술을 지닌 인재가 성공할 가능성이 크다. 한마디로 융복합은 미래 인재가 나아가야 할 방향이다. 단순한 하나의 지식만 갖고는 직업을 갖기도, 성공하기도 어렵다. 이제는 복합적인 지식의 결합을 거치는 것이 필요하다.

유능한 인재로 성장하기 위해서는 융복합 능력을 갖출 수 있도록 노력해야 한다. 이런 융복합 분야의 직업 시장은 갈수록 넓어질 것이다. 이런 흐름에 대처한다면 직업 선택에 큰 도움이 된다. 융복합 시대에 전망 좋은 직업과 새로 생겨난 직업에 대해 살펴보면서 자신이 앞으로 어떤 준비를 해야 할지 생각해 보자.

## 융복합과학자

융복합과학자는 하나의 연구 분야에만 머물지 않고 다양한 학문을 접목시켜 새로운 연구를 하는 과학자를 말한다. 대표적인 융복합과학자로는 '막스 델부뤼크(Max Delbrück)'가 있다. 생물학자였던 막스 델부뤼크는 융복합화의 효시적인 연구를 한 사람이다. 특히 과학 분야에서 그는 융복합화의 문을 열었다. 그는 원래 물리학을 공부했는데, 물리학에 화학과 생물학적인 지식을 가미하는 연구를 했다. 그가 개척한 분자생물학(Molecular)은 생물학과 화학, 물리학이 결합해 융복합의 과정을 거친 결과로 만들어졌다. 사람들은 그를 융복합화 지식인으로 평가함으로써 그는 융복합과학자라는 직업을 갖게 되었다.

## 트렌드 컨설턴트

미국에서 유행하고 있는 '트렌드 컨설턴트'는 유행을 분석하고 분석한 결과를 알려 주는 일을 하는 사람이다. 트렌드 컨설턴트는 하나의 분야에 대한 지식만으로는 업무를 수행하기 힘들다. 마케팅과 소비자행태론, 시장분석론, 소득 변화, 경기변동론 등 여러 분야의 지식을 두루 알고 있어야 한다. 다시 말해, 다양한 지식을 결합하는 융복합의 과정을 거치지 않으면 직무를 수행하기 어렵다.

## 🎖 라이프 코치

다양한 인생의 상황을 알아야 하는 '라이프 코치'라는 직업도 여러 분야의 지식을 갖추고 있어야 한다. 인문, 과학, 예체능 등의 여러 지식과 기술을 알아야 인생에 대한 자문을 해 주는 것이 가능하기 때문이다.

## 🎖 영화제 기획 프로그래머

영화제 이벤트를 만들어 가는 과정에서도 융복합은 반드시 필요하다. 간단한 이벤트 하나에도 문학, 색채학, 조명, 시각, 생리학, 스포츠, 영상음악, 이벤트학이 모두 결합되기 때문이다. 이런 과정 때문에 영화제를 기획하는 '프로그래머'라는 직업은 더욱 융복합된 지식과 기술을 필요로 하게 되었다.

## 🎖 직원 사기관리 전문가

직원들의 의욕을 고양시켜 주는 일을 하는 직원 사기관리 전문가도 대표적인 융복합 분야의 전망 좋은 직업이 될 것이다. 인간 심리학, 연령 심리학, 우울증, 협동 능력, 문제의식, 문제 해결 능력을 모두 공부하지 않고서는 직원 사기관리 전문가로 직무를 수행하기 어렵기 때문이다. 미래 직업으로 주목받고 있는 '직원

사기관리 전문가'야말로 반드시 융복합화의 과정을 심층적으로 거쳐야만 제대로 업무를 수행할 수 있는 직업이다.

## ⚜ 메카트로닉스 엔지니어

멀지 않은 미래에는 비서의 역할, 도우미 역할을 해 주는 개인 로봇이 등장하게 될 것이다. 인간의 대화 상대가 되어 주거나, 노인들의 벗이 되어 주는 휴머노이드 로봇 연구원도 융복합의 길을 가는 과정에서 다양한 지식의 강을 거치며 더욱 성장해 갈 것이다.

전기, 전자, 기계 기술을 융합한 메카트로닉스 엔지니어 (Mechatronics Engineer)는 융복합 직업 중에서도 핵심 분야의 유망 직업이다. 전기, 전자, 기계적인 기술과 이론을 알아야 수행이 가능한 직업이어서 더욱 그렇다.

## 적성과 능력이 만났을 때
## 직업적 성공은 최고치가 된다

인간은 매우 복잡다기하고 복잡한 성향을 지닌 생물이다. 다중지능의 창시자 하워드 가드너조차도 "개인별 다중지능은 인정하지만 적성 검사 결과는 쉽게 인정하기 힘들다"라고 했다. 이렇듯 자신의 적성을 파악하기란 결코 쉽지 않다. 하지만 자신의 적성에 맞고 자신에게 적합한 분야에서 적성을 발휘하는 것이 가장 최적의 상태로 자신을 만들어 가는 길이다.

B는 성격적 적성, 학업적 커리어, 자기의지보다는 수능점수에 철저히 맞춰서 주변의 의견대로 자신이 원하지도 않는 회계학과에 입학한다. 대학을 졸업한 후 그는 재무팀에서 일하며 생활하지만 만족하지 못하고, 30대 중반인데도 자기 커리어에 대한 신념이 없다. 잘못된 직업 진로 지도가 그를 성공적인 커리어 설계로부터 멀어지게 한 것이다.

K는 대학 졸업 후 회사의 회계부서에 입사한 뒤 일이 자신의 자질과 맞지 않아서 투덜대면서 일한다. 경영학이 자신의 적성과 맞지 않다는 것을 대학 입학 후 줄곧 알고 있었지만 어떻게 해야 할지 잘 몰랐다. 그래서 결국 지금도 투덜대며 마지못해 일하며 살고 있다.

B와 K의 사례를 보면서 당신은 어떤 생각이 드는가? 이 두 사람은 현재 커리어적인 방황 상태에 놓여 있다 해도 과언이 아니다. B와 K는 커리어 골을 정하지도 못했으며, 커리어 골로 가기 위한 상상하기라는 과정도 전혀 없이 그저 주어진 상황에 맞춰 남들이 정해 놓은 기준에 따라 불행한 삶을 살게 된 것이다.

직업을 선택할 때 무엇보다 먼저 고려해야 할 요소가 바로 '적성(適性)'이다. 학생의 적성을 파악하고 그에 초점을 맞춰 진로 지도를 하는 것은 매우 중요하다. 하지만 우리나라의 현실은 결코 그렇지 못하다. 안타깝게도 우리는 '적성'이라는 판도라의 상자를 열었지만 아직 정확하게 풀지는 못하고 있다. 다만 적성에 관한 다음의 세 가지가 우리가 알고 있는 적성에 관한 진실이다.

첫째, 인간의 적성에는 일정한 한계가 존재한다.

하버드대 교수 하워드 가드너는 그의 저서 《미래 마인드》에서 미래를 위한 마인드가 5가지가 있다고 말했다. 훈련된 마음, 종합하는 마음, 창조하는 마음, 존중하는 마음, 윤리적인 마음이 바로 그것이다. 이렇듯 인간은 여러 가지 마음으로 이루어진 다중지능을 가진 존재이므로 자신의 적성을 찾는다는 것은 너무나 어려운 문제임과 동시에 적성에 대한 혼란을 겪는다는 것은 어쩌면 내재적으로 감추어진 당연한 문제 중의 하나라고 할 수 있다.

둘째, 어느 누구도 자신의 적성을 완벽하게 파악할 수는 없다.

영국의 대표적인 경제학자 존 메이너드 케인스는 수리 지능이 높았다. 그래서 그는 수학을 전공하기 위해 대학에 진학한다. 그러나 그는 대학을 졸업하고 나서 수학 관련 직업을 선택하지 않고 공무원이 되었다. 하지만 공무원이 자신의 적성에 맞지 않는다는 것을 알게 되고 나서 진로를 바꾼다. 그는 자신이 세운 경제학 이론을 수치화하고, 경제 회복을 위해서 정책적으로 다양한 수단을 이용해야 한다는 주장을 펴는 데 성공했다. 전공과는 다른 곳에서 경제학자로서 직업적인 성취를 이룬 것이다. 이렇듯 자신의 진로는 자신이 생각하지 못한 곳에서 열릴 수도 있다. 자신의 적성을 완벽하게 파악하기란 쉽지 않기 때문이다.

셋째, 자질과 잘하는 분야의 지능은 개인별로 각각 다르다.

인간은 제각각 지능과 적성의 차이를 갖고 태어나는 만물의 영장이다. 자신이 잘하는 분야가 각기 다른 존재가 바로 인간이다. 그러므로 언어지능, 논리지능, 수리지능, 운동지능, 과학지능, 추상성의 지능, 음악지능, 미학지능, 체육지능 등 각각의 분야에서 다른 능력을 나타내는 것은 당연하다.

커리어 방황의 씨앗은 커리어 골을 자신이 정하지 않고, 자신의 적성과 직업 환경 변화에 대해 소홀히 하면서 대학입시에서 남의 의견에 따라 자기 전공을 선택하는 데서 시작된다는 사실을 명심하자.

# 자신을 알면
# 직업이 보인다

자아정체감이란 자기 자신의 독특성에 대해 안정된 느낌을 갖는 것을 말한다. 행동이나 사고, 느낌의 변화에도 불구하고 내가 누구인지를 일관되게 인식하는 것, 그것이 바로 자아 정체감이다. 자아정체감을 자신에게, 그리고 타인에게 명확히 할 수 있게 되면 직업을 선택하는 데에도 큰 도움이 된다.

자아정체감을 명확히 하고 원하는 직업으로 나아가기 위한 방법으로 '자기소개하기'가 있다. 성격의 장단점, 자신이 갖춘 능력, 취약점을 극복한 과정을 자기소개서 형식으로 작성해 보는 것이다. 작성한 자기소개서를 직접 읽어 보면서 자신이 잘하는 부분을 직접 이야기해 보자. 협동을 통해서 성과를 거둔 일에 대해 이야기해 보는 것도 좋다. 이런 연습이 자아정체감을 높이는 데 도움을 줄 것이다.

자기소개하기 연습을 통해 자기정체감이 명확하게 정해졌다면 더 큰 성취감과 비전을 위해 권하고 싶은 직업이 있다. 바로 유엔 국제조달시장 전문가라는 직업이다.

유엔은 국제적으로 여러 가지 활동을 하면서 더불어 많은 물자를 소비한다. 이렇게 유엔의 활동에 필요한 물자를 조달해 주는 곳을 유엔 국제조달시장이라고 한다. 유엔 국제조달시장에서 필요로 하는 물자를 판매할 수 있도록 아이디어를 내고 적극적으로 판매활동을 하는 사람을 유엔 국제조달시장 전문가라고 한다.

유엔 국제조달시장 전문가가 되려면 관련된 정보를 많이 알아야 한다.

예를 들면, 유엔의 평화유지군 지휘부에서 스마트폰이 많이 필요하다고 가정해 보자. 유엔 국제조달시장 전문가는 유엔에서 스마트폰을 어느 정도의 가격으로 언제쯤 구입하려고 하는지에 대한 정보를 수집한다. 그리고 수집한 정보를 분석해서 본인이 팔고자 하는 스마트폰을 유엔에 납품되도록 전략을 짜고 도움을 주는 것이 바로 유엔 국제조달시장 전문가의 역할이다. 따라서 항상 국제시장 관련 정보에 민감하고 유연성이 좋아야 한다. 물론 한국산 정보통신 제품에만 국한된 것이 아니다. 만약 유엔 산하기관에 소형 선박이 필요하다면 한국 선박을 유엔 산하기관에 판매하는 데 도움을 주는 일도 유엔 국제조달시장 전문가의 업무가 되는 것이다.

한국기업들은 그동안 유엔 및 산하기구에서 필요로 하는 물품을 판매하는 사업에 제대로 손을 대지 못해 왔다. 선진국이 유엔 국제조달시장에 많이 진출해 있어 그 제품이 유엔 국제조달시장에서 더 많이 팔린 까닭이다. 그런 이유로 아직은 유엔 국제조달시장 전문가 중에 한국인은 많지 않다. 그러나 앞으로는 매년 발주되는 자동차를 포함한 여러 물자를 유엔에 판매하는 한국인이 늘어날 전망이다. 이런 점을 감안하면 이 분야의 직업에 도전하는 것도 바람직하다.

이 시장은 크고 한번 거래를 시작하면 지속되는 특성을 갖고 있어서 전망이 좋다. 자신의 커리어 골을 이 분야의 전문가로 정하고 직업 설계를 하는 것도 좋다. 다국적 기업이나 한국의 대기업 혹은 중소기업에 소속되어 유엔 국제조달시장 전문가로 성장해 나가는 것을 목표로 삼는다면 바람직한 커리어 골이 될 것이다.

〈유엔 국제조달시장 전문가〉가 되기 위한 준비 **TIP**

유엔 국제조달시장 전문가가 되고 싶다면 외국어를 한 가지 정도는 능통하게 구사할 필요가 있다. 영문으로 편지를 주고받는 것은 기본이고, 막힘없는 의사소통으로 다양한 분야에서 사귄 자신만의 인맥이 조달시장에서의 입찰과정에서 일의 성취를 도울 수도 있을 것이다. 또한 협상을 해서 유엔 국제조달시장의 거래를 성사시키는 능력이 필요하다.

다국적으로 활동하기 때문에 자신과 다른 문화를 가진 민족에 대하여 유연한 생각을 갖고 대하는 태도가 필요하다. 유연한 생각을 키우는 것이 이 분야로 가는 데 도움이 될 것이다. 또 물류학과에서 학습을 하는 것도 도움이 된다. 미국 물류관리사 자격증을 갖고 있으면 좋다. 국제조달시장론, 마케팅, 소비자 심리학을 공부해서 이 분야에 대한 지식을 갖추고 있어야 한다. 국제관계학을 전공하고 조달시장에서 인턴십을 경험하면 이 분야 전문가의 길을 가는 데 유리하다.

# 직업은 생성, 발전, 소멸을 거치는 하나의 유기체다

영국 경제지 〈파이낸셜타임스(FT)〉를 보유하고 있는 미디어그룹 피어슨의 이사인 솔로몬은 2010년 5월 "종이신문 관련 직장은 쇠락하는 중인가?"라는 질문을 던졌다.

그렇다. 종이신문은 스마트폰, 태블릿PC, 그 밖의 영상을 담는 방송 뉴미디어들에 의해서 쇠락하고 있다. 종이신문 관련 직장은 지구촌에서 지난 200년간 흥하는 직업이었다. 그러나 2000년부터 다가오기 시작한 멀티미디어 시장에 뉴스 소비자와 광고주를 대거 빼앗긴 후 쇠락하고 있는 중이다.

하나의 시도가 쌓이고 쌓이면 그것은 순익을 파생하는 원천이 되고, 회사는 자본이라는 기초를 갖게 된다. 이런 물적 자본을 기반으로 자연스럽게 인재들이 모인다. 소위 '휴먼 네트워크'가 저장되는 것이다. 이런 휴먼 네트워크의 우수성을 확보하려고 기업의 경영자들은 역량을 집중해 회사가 성공의 길을 가도록 노력한다. 하지만 종이신문이 쇠락하고 있는 이런 상황에서 종이신문 직장의 인재들, 더욱이 우수한 인재들에게 지속적으로 머물기를 간청하는 것은 한계가 있을지도 모른다. 그래서 종이신문 회사들은 이제 변신을 시도하면서 자신들이 보유한 기존의 우수한 인적 네트워크를 유지하려고 노력하고 있다.

비슷한 맥락으로, 과거 핸드폰 시장에서 애플, 삼성전자보다 앞서던 핀란드의 '노키아'라는 회사의 행보는 우리에게 많은 것을 시사한다. 핸드폰 시장에서 1위를 달리던 노키아가 스마트폰 시장에서 애플과 삼성전자와의 경쟁에서 뒤처져 많은 소비자를 놓치게 된 것은 시대의 흐름을 읽지 못한 잘못된 경영 전략 때문이라고 할 수 있다.

스마트폰 시장에서 변화를 받아들이지 못하고 경영에 실패한 노키아의 경영전략 사례는, '직장이란 무엇인가'라는 문제를 탐색하는 데 좋은 자료가 될 것이라고 생각한다. 경영전략은 직장의 구성요소 중에서 상당히 중요한 위치를 차지한다. 경영전략이 하루아침에 만들어지기는 힘들지만 이것은 현대 사회에서 직장의 미래에 중요한 영향력을 발휘한다.

직업은 일시적으로, 단번에 만들어지지 않는다. 직업이 만들어지는 과정은 길다. 새로운 직장이 만들어지려면 여러 직업이 연대하거나 대립하면서 갈등과 대항의 프로세스를 거쳐야 한다. 말하자면 직업은 일종의 유기체라 할 수 있다. 자본과 인적 네트워크, 경영전략이 하나의 유기체를 이루면서 직장이 구성되는 것이다. 직업은 지구촌의 환경이 변하면서 끊임없이 만들어지고 발전하다가 퇴보하고, 다시 새롭게 만들어지고 있다.

우리는 시대의 흐름과 자신의 적성, 그리고 여러 가지 요소가 유기적으로 얽혀 있는 이런 직업의 특성을 잘 이해해야 한다. 그래야만 직업을 통해 자아의 미래를 만들어 갈 수 있고, 직업을 통해 만족과 보람을 느끼고 생산적인 것을 만들어 내고자 하는 자신의 목표를 이룰 수 있기 때문이다.

There is nothing like dream
to create the future.
Utopia today,
flesh and blood tomorrow.

-Victor Hugo

**2**
CHAPTER

Trend

직업의 트렌드를 알고
미래를 설계하라!

# 앞으로 10년 후
## 뜨는 직업

21세기의 세상은 하루가 다르게 변하고 있다. 사회의 고령화, 정보기술(IT)의 진보, 금융 리스크의 확대, 기후 변화의 심화 등이 사회적인 이슈로 대두되고 있다. 이런 여러 가지 변화의 요인들은 새로운 직업, 도전해 볼 만한 직업을 만들어 냈다. 특히 기후 변화에 따른 새로운 질병의 유행과 친환경 에너지원 기술의 획기적인 발전 등으로 이와 관련된 직업이 전망 좋은 직업으로 대두되고 있다.

그럼, 눈부신 기술의 발전으로 뜨는 직업에는 어떤 것이 있을까?

## ♟ 바이오 신약 개발자

질병을 정복했다고 믿었던 인류에게 조류독감, 광우병, 신종 플루 등 새로운 질병이 끊임없이 나타나고 있다. 이에 맞서 국내를 비롯해 세계 각국에서 신약 개발에 힘쓰고 있다. 생명공학의 발전이 가져온 기술의 진보는 신약 연구원의 직업 비전을 상당히 높여줄 것이다.

## ♟ 시장 조사원

변화가 빠른 현대사회에서는 상품의 순환주기가 짧아지면서 새로운 상품의 시장을 찾고 분석하며 시장을 조사하는 일이 점점 중요해지고 있다. 시장 조사원이 되기 위해서는 사회조사분석사 자격증을 취득하면 도움이 된다. 사회조사분석은 통계기법을 활용하기도 해서 사회학을 공부한 후 경영학을 이중으로 전공하거나 경영정보학을 공부하면 도움이 된다.

## ♟ 마음 치료사

마음 치료란 상담, 음악, 미술, 독서 등을 통해 몸과 마음을 치료하는 것을 말한다. 사회가 복잡해지고 소외된 사람이 많아지면서 정신 관련 질환이 갈수록 증가하고 있다. 이에 따라 심리 치료

기술 또한 발전하고, 치료 받기를 원하는 사람들도 늘고 있어 전망이 좋다.

## 🎖 노인복지사

의학의 발달로 고령인구가 늘어나고 있다. 또한 전과 다르게 고령자들이 자녀에게 의존하지 않고 스스로 생활하려는 성향이 강해지고 있어서 노인의 생활을 설계해 주고 도와주는 노인복지사의 비전이 높아질 것으로 예상된다.

## 🎖 원자로 조종사

원전의 심장인 메인 컨트롤 룸에서 원자로를 운전하는 사람을 말한다.

현재 우리나라는 원전 3대 강국을 향해 가기 위해 국가 역량을 집중하고 있다. 원전 플랜트(nuclear power plant) 원천 기술이 발전하면서 원전 플랜트 수출이 많아지고 있으며, 관련 분야의 산업도 나날이 발전하고 있다. 따라서 원자로 조종사의 전망이 아주 밝다.

## 🎖 IT컨설턴트

최근 정보기술은 복합·융합화 양상으로 전개되고 있다. 이에 따라 많은 기업이 IT분야의 컨설팅을 통해 시스템의 혁신을 도모할 것으로 예상된다. 따라서 전문경영인처럼 IT컨설턴트도 미래가 밝다고 할 수 있다.

## 🎖 스캔들 전문 변호사

각종 스캔들에 관련된 일을 처리하는 변호사다. 이들은 다른 변호사들에 비해 높은 보수를 받는다. 스캔들이 많은 미국, 유럽, 일본 등에서 활동 영역이 확대되는 중이다.

## 🎖 재무 회계 전문인

기업 외부에 공표할 목적으로 기업의 경영활동을 인식, 기록, 분류, 정리해 재무제표라는 회계보고서를 작성하기 위한 회계를 담당하는 전문가다. 투명하고 깨끗한 기업 운영을 위해서는 기업의 재무가 중요하게 작용하기 때문에 더욱 인기를 얻고 있는 직업이다. 국제 회계 기준이 발달하면서 비전이 높아질 것이다.

## 🎖 인터넷쇼핑몰 매니지먼트 컨설턴트

인터넷에서 물건을 구매하는 이들이 늘어나면서 이 분야의 시스템에 대한 차원 높은 컨설팅이 필요해졌다. 인터넷 쇼핑몰에 대한 기술적인 진보가 지속적으로 이루어져야 하기 때문에 직업 전망이 계속 좋을 것이다.


## 🎖 영화 컴퓨터그래픽 디자이너

영화 〈아바타〉에서 상당 부분의 중요 장면이 그래픽으로 처리되었다는 것을 잘 알고 있을 것이다. 이는 우리나라 영화인 〈해운대〉에서도 마찬가지다. 그래픽 기술의 발전으로 영화 시장에서 컴퓨터그래픽으로 만들어진 장면을 보는 일은 앞으로 더 많아질 것이다. 따라서 관련 분야의 많은 전문가가 영화계에서 일하게 될 것이다.


## 🎖 태양광 발전 연구원

태양광 발전시스템의 태양광 관련 발전설비를 연구·개발하는 일을 한다. 에너지 연구에서 획기적인 진보를 하게 될 것으로 예상되어 산업의 전망은 좋지만, 각국의 기업들이 투자를 유보하는 경향을 보인다는 문제점이 있다.

## 🎖 국제 스포츠 에이전트

국제시장에서 야구, 축구 등의 스포츠선수를 구단과 연결시켜 주는 전문가를 말한다. 스포츠에 대한 뜨거운 관심과 열기가 지속되는 한 자본이 몰리면서 성장할 것이다.

## 🎖 원유 분석가

원유시장을 분석하고 거래정보를 다루는 전문가를 말한다. 국제 석유시장에 대한 정보를 잘 알아야 한다. 분석기법이 다양화되면서 더욱 성장할 것이다.

## 🎖 게임 스토리텔러

인터넷 게임의 이야기를 구성하는 일을 한다. 상상력이 풍부해야 하고 인문적인 지식과 공학적인 지식을 갖추어야 한다.

## 🎖 이벤트 음악 DJ

이벤트 안에서 쓰이는 음악을 구성한다. 이벤트 중간중간 틀어 줄 분위기에 맞는 곡을 고르거나, 이벤트 전 과정의 음악을 연출하기도 하고, 현장에서 직접 연주하기도 한다. 각종 이벤트가 늘어나고 그와 관련된 기술이 발전하면서 뜨는 직업이다.


## 🎖 크루즈선 인테리어 디자이너

해양의 호텔이라 할 수 있는 크루즈선의 실내를 아름답게 디자인하는 일을 한다. 유람선과 관련된 직업들은 레저산업이 발달하면서 더욱 유망해질 것이다.

# 앞으로 10년 후
## 사양 직업

기술은 발전하고 사람의 마음은 변한다. 소비자의 마음도 마찬가지다. 신기술의 발달과 그린소비 경향이 만나면서 직업 시장의 명암은 더욱 선명해졌다. 소비자의 인식이 새롭게 바뀌면서 직업 시장은 변화하고 그에 따라 뜨는 직업과 사양 직업을 만들어 냈다. 기술 변화가 가져온 글로벌 직업시장의 변화를 중심으로 어떤 직업이 사양하고 있는지 알아보자.

## 기금 모금 전문인

이전에는 직접 발로 찾아다니면서 모금을 했었다. 하지만 이제는 기술의 진보로 영상을 통해 온라인으로 모금활동을 하게 되었다. 기술의 발전으로 기금 모금 전문인은 소수만 채용될 것으로 전망된다.

## 스피치 라이터(speech writer)

연설문을 작성하는 스피치 라이터는 겉으로 보기에는 화려한 직업이다. 하지만 정보통신 기술이 발달하면서 말하는 기술에 관한 콘텐츠의 증가로 인해 스피치 라이터의 일거리가 감소하고 있다.

## 애견 영양사

애견을 키우면서 해야 할 일 중에서 가장 중요한 일이 바로 애견의 식사를 책임지는 일이다. 식단을 만들고 식사를 제공하는 등 손이 많이 가기 때문이다. 하지만 애견 생리기술의 발달로 여러 가지 편리하고 영양 높은 맞춤형 애견 음식이 애견 시장에 등장하면서 할 일이 점차로 줄어들게 될 것이다.

## 애니멀 커뮤니케이터(animal communicator)

수의사들의 직업 역량이 성장하면서 애니멀 커뮤니케이터가 설 자리를 잃고 있다. 약 30년 전만 해도 미국, 프랑스 등에서는 별도의 애니멀 커뮤니케이터들이 존재했지만, 지금은 그 수요가 줄어들고 있다.

## 돌고래 조련사

예전에는 일본 등지에 돌고래를 훈련시키는 돌고래 조련사가 많이 있었지만 이제는 줄어드는 추세다. 이미 일정한 인력이 채워진 상태여서 고용 전망이 밝지 않다. 더욱이 돌고래를 훈련시키는 방법과 기술이 매뉴얼화 되고 있어 더 이상 고용이 늘어나기는 어려울 전망이다.

## 의료 일러스트레이터

의대, 병원 등에 소속되어 의료 관련 삽화를 그리는 일을 하는 사람을 의료 일러스트레이터라 한다. 조각을 전공한 사람이 의학을 공부해 이 분야로 진출하기도 한다. 미국의 경우 CMI(Certification of Medical Illustrator)라는 자격증을 가진 인재가 이 분야에 지속적으로 진출했지만, 이제는 컴퓨터그래픽 기술의 획기적인 발달로 이 분야의 고용이 별로 없다. 기여도는 높지만 전망은 좋지 않다.

### ♘ 초등학교 교사

인구의 감소는 초등학교 교사라는 직업을 사양 직업으로 만들 것이다. 세계적으로 출산율이 점차 감소하고 있으며, 이런 상태가 지속되면 상황은 더욱 가속화 될 전망이다.

### ♘ 영화 헌팅맨

인터넷 등 지리 관련 정보를 알려주는 기술의 발달로 영화 촬영지를 찾아내는 영화 헌팅맨의 직업 전망은 좋지 않다. 정보통신기술의 발달이 그들이 하는 일의 가치를 떨어뜨렸기 때문이다.

### ♘ 비오톱 관리사

비오톱 관리사(biotope 管理士)는 야생 동ㆍ식물의 생식공간을 보호, 보전, 복귀, 창출하는 역할을 담당하는 전문가를 말한다. 하지만 생태 복원기술이 발달하면서 정원사나 원예사 등이 자신의 직업과 병행하거나 영역을 확대하는 추세여서 이들에 대한 수요가 줄어들 것으로 전망된다.

## 🎖 산부인과 의사

출산율이 낮아지면서 산부인과 의사의 수입과 수요가 서서히 줄어드는 중이다. 출산율이 더 낮아지면 이 직업의 전망도 좋지 않게 될 것이다.

## 🎖 인터프리터(Interpreter)

항공사에 소속되어 기내에서 번역과 통역을 해 주는 사람을 말한다. 영어 수준의 향상과 통·번역 기기의 발전으로 이 분야의 직업 전망은 좋지 않다.

## 🎖 카피라이터

멀티미디어 시대가 도래했지만, 새로운 매체의 등장과 매체의 다양화로 인해 새로운 패턴의 광고가 등장하고 광고의 내용이 다양해지면서 관련 기술이 변하고 있다. 이로 인해 카피라이터의 비전도 그리 좋지는 못한 상황이다.

## ⚙ 어린이설비 안전장치 설치가

기술의 발달로 건물의 시공 초기부터 어린이가 안전하게 사용할 수 있도록 기물을 설치하기 때문에 어린이설비 안정장치 설치가의 비전이 나빠지고 있다.

## ⚙ 학생 활동 코디네이터

예전에는 이 분야에서 활동하는 이들이 꽤 많았다. 하지만 활발한 멘토제도가 도입되고 멘토링 기술이 발전하면서 학생활동을 지도하는 일이 줄고 있다.

## ⚙ 영화배우

영화 〈쥐라기공원〉, 〈전우치〉에서 보듯 컴퓨터그래픽 기술의 발달로 연기자들의 연기 장면은 현저히 줄어들고 있다. 컴퓨터그래픽 기술의 진보가 배우의 역할을 감소시키고 있는 것이다. 그래서 미래에는 주연배우 말고는 영화 내에서 나머지 역할이 감소돼 화면 등장 빈도도 줄어들 것이다. 이 때문에 영화배우도 전망이 좋지 못한 직업 중의 하나가 되고 있다.

## 🎖 오페라 작곡가

아직은 사양 직업이다. 창조성이 가미된 직업이지만 경기불황 때문에 사양 직업 중의 하나다.

# 구조조정 걱정 없다
## 다소 안정적인 직업 10가지!

어느 날, 예고도 없이 몸 바쳐 일하던 회사에서 해고를 당하게 된다면 그 배신감과 당혹감은 말로 설명하기 어려울 것이다. 그래서 많은 사람이 직업을 선택할 때 안정적이고 오랫동안 할 수 있는 일을 찾게 된다.

현재 국제정세와 경제발전지수 등 여러 가지 상황을 바탕으로 미래의 안정성 좋은 직업을 전망해 보았다. 직업을 선택할 때 고려하는 여러 조건 중에서 안정성에 높은 비중을 두고 있는 사람이라면 다음의 10가지 직업에 관심을 가져 보길 바란다. 10년이 지나도 구조조정의 대상에서 제외될 수 있을 만큼 비교적 안정적이고 여건이 좋은 직업 10가지를 소개한다.

## 금융상품 기획가

세계에는 약 32개의 대형 금융기관이 있다. 이 대형 금융기관 안에는 금융 상품부가 있는데 금융상품 기획가는 여기에 소속되어 일한다. 이들은 고객들이 수익을 낼 수 있는 상품을 만드는 일을 한다. 사실 요즘에는 금융기관에서 일한다고 해서 모두 안정적이고 오래 일하는 것은 아니다. 전체 세계 금융기관 직원이 약 160만여 명인데 이중에 약 4만여 명이 해고되는 사태가 벌어지기도 했다. 하지만 금융상품 기획가는 다르다. 한번 금융상품부서로 발령을 받으면 오랫동안 전문가로 일하는 것이 가능하다. 또한 공기업의 금융 분야나 민간 금융기관에서도 일할 수 있다.

세계적으로 경제가 어렵고 은행금리가 낮아지고 있는 추세이므로 금융상품 기획가의 일은 결코 쉽지 않다. 더욱 세밀하고 미래지향적으로 일해야 하기 때문이다. 그렇기 때문에 불황에도 해고와는 거리가 가장 먼 직업이기도 하다.


## 유람선 선장

삶의 수준이 높아지면서 배를 타고 관광을 하거나 여가를 즐기는 사람이 늘어났다. 그래서 배와 관련된 레저 산업의 전망이 밝아졌다. 관련 직업 중에서 유람선 선장은 즐겁고 쾌적한 관광을 위해 유람선 내의 전반적인 상황을 감독하고 체크하면서, 유람선 운항의 가장 기초가 되는 핵심 키를 조정하는 일을 한다. 유람선에서 선장은 꼭 필요한 사람이기 때문에 다른 유람선 관련 직업들에 비해 안정적이다.

유람선 선장이 되기 위해서는 유람선이 어떻게 운항되는지, 유람선 내의 기계 장치는 어떻게 조정하는지에 대한 전문지식을 배워야 한다. 또한 선장 자격증이 필요하다. 하지만 선장 자격증은 취득하기가 어렵다. 그 희소성 때문에 유람선 선장이 안정적인 직업에 속할 수 있다. 아직까지 우리나라에서는 조금 생소하지만 공간 지각력이 좋은 사람이라면 유람선 선장에 도전해 보는 것도 좋다.

## 🎖 ICT 정책의 기획 및 예산 배분 전문 공무원

ICT란 Information & Communication Technology의 약자로 정보통신기술을 말한다. 미래창조과학부에 속해 있는 ICT관련 전문 공무원은 ICT정책을 기획하고, 예산을 배분하는 일을 한다. 정보통신정책 기획은 아무나 할 수 있는 일이 아니다. 정보통신에 대한 본질적인 이해와 기술적인 지식이 있어야만 업무 수행이 가능하다. 또한 정보통신은 다른 정책을 펼치기 위한 밑바탕이 되기 때문에 국가의 다른 정책들을 효율적으로 도와주고 융화시킬 수 있도록 필요한 지식을 끊임없이 학습해야 한다.

정보통신기술은 앞으로 한 나라의 운명을 좌지우지할 만큼 중요한 분야가 될 것이다. 그래서 국가적인 차원에서도 중요하게 생각하고 있다. 따라서 정보통신정책을 세우는 데 큰 기여를 하게 될 ICT 관련 전문 공무원은 국가에 꼭 필요하면서도 중요한 위치를 차지하게 될 전망이다.

## ☖ 스포츠 법 전문 변호사

농구, 축구, 야구 등 운동경기에서 좋은 성적을 내는 선수들이 있다. 이들 중 몇몇은 해외 명문구단에 들어가기도 하고, 반대로 해외 선수들이 우리나라에 들어오기도 한다. 이런 운동선수의 입단 조건을 구단 측과 조율하고 연봉이나 이적료 등을 협상하는 일을 하는 이들을 스포츠 법 전문 변호사라고 한다. 우리가 잘 알고 있는 류현진이나 기성룡과 같은 운동선수를 도와주는 변호사들이 대표적이다.

대부분의 명문구단이 훌륭한 선수를 영입하는 데 결정적인 역할을 하는 스포츠 법 전문 변호사를 중요하게 생각하기 때문에 스포츠에 대한 사랑이 식지 않는 한 이 직업은 앞으로도 전망이 매우 밝다.

스포츠 법 전문 변호사가 되려면 기본적인 법 지식 이외에 구단의 의사 결정 과정을 알아야 하며, 선수와 구단 사이에서 양쪽 모두에 만족할 만한 결과를 가져오기 위해 노력해야 한다.


## 🎖 외환 정책 전문가

우리나라는 원화, 인도네시아는 루피아, 영국의 파운드, 유럽의 유로, 태국의 바트, 일본의 엔화, 싱가폴의 달러 등 세계의 여러 나라는 각기 다른 화폐를 사용하고 있다. 이렇게 각국이 다른 가치와 단위를 가진 화폐를 사용하다 보니 여러 가지 문제가 생겨나게 된다. 엔화의 가치를 일부러 떨어뜨려 일본 제품의 수출을 높이고 일본으로의 관광을 유도하는 엔저현상, 달러의 가치를 높여 자국에 필요한 물자를 수입하는 데 부담을 주는 달러 평가절상 정책 등이 그 예다. 이런 문제를 다루는 것이 외환 정책 전문가다. 세계 각국의 화폐 때문에 발생하는 문제를 다루는 사람으로 정부나 기업의 외환 파트에서 달러를 사거나, 원화를 파는 일을 한다.

국가의 외환 정책을 현장에서 직접 접하는 외환 정책 전문가의 업무는 결코 쉽지 않다. 그들은 여러 나라의 통화와 통화 간의 작용을 이해하고 예측하면서 일한다.

많은 사람이 해외에 투자를 하는 외환딜러와 비슷한 직업으로 생각하는데, 외환딜러와 외환 정책 전문가는 전혀 다르다. 외환 정책 전문가는 정책을 다룬다. 따라서 수익을 내지 못하면 해고되기 쉬운 외환딜러에 비해 상대적으로 안정적이다. 정책을 결정할 때 결정적인 잘못을 하는 경우가 아니라면 해고되는 경우가 드물다.

## 🎖 다문화 가정 상담가

요즘에는 주변에서 다문화 가정을 흔히 볼 수 있다. 하지만 안타깝게도 다문화 가정이 많아지면서 언어와 문화적인 차이 때문에 예상하지 못했던 여러 가지 문제가 발생했다. 이런 다문화 가정에서 발생하는 문제를 해결하는 데 도움을 주는 일을 하는 사람이 바로 다문화 가정 상담가다.

다문화 가정 상담가는 가족들이 원활하게 대화를 나누고 서로 다른 문화적인 차이를 이해할 수 있도록 도움을 준다. 다문화 가족이 늘어나는 추세이기 때문에 이에 필요한 인력이 점점 더 늘어날 전망이어서 미래가 매우 밝다.

## 🎖 해외 부존자원 전문 외교관

부존자원이란 한 나라가 갖고 있는 모든 생산요소를 말한다. 즉, 한 나라가 갖고 있는 자연·노동·자본을 총칭하는 말이다. 부존자원이 풍부하지 못하면 나라는 운영에 어려움을 겪게 된다.

한 국가가 끊임없이 발전하려면 풍부한 부존자원을 확보하는 것이 가장 중요하다. 하지만 부존자원이 풍부한 나라는 그리 많지 않다. 그래서 부족한 자원을 다른 나라에서 수입하게 된다. 해외 부존자원 전문 외교관은 이러한 부존자원의 균형를 맞춰가면서 자원을 수입하는 일을 하는 사람이다. 비천연가스나 천연가스를 확보하기도 하고, 오일을 사들이기도 한다.

해외 부존자원 전문 외교관이 되려면 부존 자원학을 공부하는 것이 좋다. 또한 영어로 협상하는 경우가 많기 때문에 영어 실력을 높여야 한다. 경제 발전을 위한 국가의 필수 요원인 셈이어서 안정적이다.


## 🎖 신약개발 연구원

인류가 존재하는 한 새로운 질병은 끊임없이 생겨나고, 그를 이겨내기 위한 신약 또한 끊임없이 개발될 것이다. 신약개발 연구원은 제약회사에서 새로운 약을 개발하는 일을 한다. 보통 한 가지 이상의 신약을 개발하는 데에는 7년 이상의 긴 시간과 엄청난 비용이 들어간다. 글락소스미스클라인, 파이저, 동화약품 등 굴지의 제약회사들도 모두 신약 개발을 위해 7~10년 이상 소요되는 장기프로젝트를 진행한다. 따라서 신약을 개발하는 직업은 불황에 영향을 받지 않으며, 신약개발 연구원은 안정적로 일할 수 있다.

신약개발 연구원이 되려면 생물학과 미생물학, 제약학을 공부해야 한다.

## 나노 기술자

나노 과학이란 10억 분의 1 수준의 정밀도를 요구하는 극미세 가공 과학기술로, 현재 반도체와 같은 이공계 연구에서 많이 활용되고 있다. 기계들이 점점 작아지고 보다 정교한 기술을 필요로 하게 되면서 나노 과학 기술자들의 일이 점차 늘어나고 있다.

극미세기술을 통해 다양한 첨단과학에 접근할 기회가 많아지면서 나노 기술자는 미래 산업에서 중요한 역할을 할 것으로 전망된다.

## 여행사 해외 주재원

특별한 공해 없이 부의 창출이 가능한 자본주의의 핵심 산업이 바로 관광산업이다. 우리나라에 외환위기가 닥쳤던 1998년, 무려 40억 불의 외화를 벌어들인 사업도 다름 아닌 관광산업이었다.

관광을 하기 위해서는 보통 여행사를 통하게 되는데, 자국민이 편안하고 안전하게 여행할 수 있도록 도와주는 역할을 하는 것이 바로 여행사 해외 주재원이다.

여행사 해외 주재원이 되기 위해서는 우선 외국어를 잘하고 여행에 대한 기본적인 매너를 알아야 한다. 이런 조건을 고루 갖추기가 어렵기는 하지만 관광산업은 지속적으로 성장하고 있기 때문에 유망한 직업이다.

# 직업의 미래는 어떻게 흘러갈까?
## 분야별 직업 시장에 대한 전망

2012년 3월 15일 0시를 기준으로 한국과 미국 간의 상품 및 서비스 무역에 있어서의 관세 철폐 등에 관해 맺은 협정, 즉 한·미 자유무역협정(이하 한·미 FTA(free trade agreement))이 체결, 발효되었다.

이 협정으로 인해 우리나라는 사회 전반에 큰 변화가 생겼다. 경제활동은 물론 직업시장에서도 그에 따른 변화를 엿볼 수 있다. 변화하는 사회의 모습을 통해 직업의 미래 흐름에 대해 예측해 본다면 자신의 미래를 계획하고 준비하는 데 큰 도움이 될 것이다.

　　최근 미국 경제가 활성화되고 경기가 회복되는 듯한 모습을 보이고 있기는 하지만, 한국의 의류사업 분야에서는 아직 예상만큼 활발한 고용이 이루어지지 않고 있다.

　　의류사업과 관련한 대표적인 직업으로는 패션머천다이저(Fashion Merchandiser)와 패션디자이너(fashion designer)가 있다. 패션머천다이저는 효과적인 판매를 위한 기획, 판매촉진 등을 담당하는 전문가로 하나의 패션상품이 생산되어 판매되기까지의 과정을 모두 관리하는 중요한 일을 담당한다. 그런데 한·미 FTA 체결 이후 의류산업 분야에서 직업을 구하기가 더 어려워지고 있다. 지난 IMF 시절보다 FTA 체결 이후의 고용이 더 감소하고 있기 때문이다.

　　단, 해외의 의류 분야 소비 경향을 분석하거나 이를 디자인에 반영하도록 상품을 기획하는 수출 분야 머천다이저는 비교적 고용이 활발했다.

　　새로운 패션디자인을 창조하는 패션디자이너는 오트쿠튀르나 프레타포르테에서 활약하는 일뿐만 아니라 회사에 소속되어 소비자의 기호나 변화에 따른 상품을 만들어 내는 일을 하기도 한다. 회사의 기본 브랜드를 그대로 이용하면서 기업에 속해 일하는 내셔널 브랜드 디자이너들의 직업 여건은 FTA 체결 이후 지금까지 그런대로 괜찮은 편이었다. 그중 수출 분야의 내셔널 브랜드 디자이너는 다양한 제품을 수출해야 하기 때문에 지속적으로 일한 3~5년차 경력자를 선호하는 경향을 보였다. 반면 자신의 이름을 걸고 비즈니스를 하는 패션디자이너들의 상황은 그리 좋지 못했다.

## 법률 분야

법률 분야의 가장 대표적인 직업은 바로 변호사다.

이전에는 변호사가 고수입 전문직으로 많은 사람에게 선망의 대상이 되었으나, FTA 체결 이후 최근 우리나라에서의 직업적인 전망은 그리 밝지 못하다. 순수하게 국내 사법 시험을 통해서 변호사 자격을 취득하고, 외국어능력을 키워 외국의 통상 사건을 수임 받았던 국내 변호사들의 입지가 이제는 점점 좁아지고 있다. 미국 대형 로펌을 통해 한국으로 들어오는 국제 변호사가 많아지면서 사건을 맡기가 어려워졌기 때문이다.

이미 국내시장에 진출한 11개의 미국 대형 로펌에 속해 있는 국제 변호사들은 풍부한 경험과 회사의 적극적인 지원을 받으며 일하기 때문에 경험이 부족한 국내 로스쿨 출신 변호사들이 개업을 하더라도 사건을 맡기가 어려워진 것이다. 또한 국내 변호사 숫자가 1만 2000여 명이 넘어서면서 좋은 로펌에 들어가기도 쉽지 않다. 게다가 미국의 로스쿨 졸업생들이 이미 다국적 직업시

장에 진입해 별다른 언어적인 어려움 없이 일하고 있기 때문에
외국어가 부족한 변호사들은 한국의 제한된 시장에서 국내 변호
사들뿐만 아니라 미국 변호사들과도 경쟁해야 한다. 그래서 예전
의 명성과는 다르게 사무실 유지 비용을 마련하기도 어려워졌다.
법률 직업시장의 이런 경향은 앞으로 더욱 한국 변호사들을 어렵
게 만들 것으로 예상된다.


## 특허 관련 분야

특허 관련 분야에서 가장 대표적인 직업은 바로 변리사다. 변
리사란 특허 · 실용신안 · 의장 또는 상표에 관해 특허청 또는 법
원에 해야 할 사항의 대리 및 그 사항에 관한 감정 등의 일을 하
는 사람을 말한다.

한 · 미 FTA가 체결되고 한국의 특허 관련 직업 시장에 긍정
적인 영향을 주었기에 지금까지 변리사에 대한 고용 전망은 밝
다. 기업의 특허부서는 FTA 이후 가장 인기 높은 부서가 되었다.
공무원 사이에서도 특허청에 발령받아서 일하기를 희망하는 사
람이 늘어가고 있다. 이런 추세는 앞으로도 지속될 전망이어서
특허 관련 분야 직업들의 인기는 더욱 높아지고 경쟁률이 치열해
질 것이다.

특히 최근에 IBM, Apple Inc. 등 특허를 중시하는 회사에서 경

험이 풍부하고 뛰어난 능력을 가진 변리사를 채용하려는 움직임
이 많았다.

특허를 포함한 각종 지적재산권에 대해 우리나라가 미국에 로
열티로 지불한 돈은 2008년 1월을 기준으로 약 20억 불에 달한
다. 사실 이는 적지 않은 돈이지만 우리나라가 세계무역시장에서
13위의 강국으로 성장하는 데 큰 발판을 마련해 주었고, 우리만
의 특허를 내는 데도 큰 도움을 주었다.

FTA 체결 이후 지적재산권으로 연결되는 특허권, 의장권, 실
용신안권 등의 특허 권리 보전을 위한 노력이 더욱 많아졌고 그
에 따라 고용 수요도 늘어났다. 게다가 변리사라는 직업 자체가
관련 자격증을 따기 어렵고 특이성이 있기 때문에 전망이 밝다.


## 🎖 자동차 분야

국내 자동차 판매업체가 분석한 결과에 따르면, FTA 체결 이
전과 비교해 현재 한국은 안타깝게도 국내 자동차시장에서 국산
브랜드에 대한 인식과 평가가 외국차들에 비해 좋은 성과를 거두
지 못하고 있다. 따라서 외제차를 판매하는 국내 딜러들의 하는
일이 늘어나기는 했지만 전체적으로 자동차 분야의 고용이 늘지
는 않았다. 다만 해외의 자동차 판매시장에 가서 일하는 한국 출
신의 외제차 딜러들은 판매직 분야에서 채용이 다소 증가했다.

반면에 제너럴모터스, 현대자동차, 기아자동차, 혼다, 닛산, 토요타 등의 회사들이 포드, 크라이슬러 등이 점령하고 있는 미국 자동차 시장에 도전장을 던졌고, 성과가 그리 나쁘지 않았다.

미국 자동차 시장은 디자인을 중시하기 때문에, 디자인의 국제화를 도모하는 경향의 여파로 일부 회사에서 디자이너의 고용을 일시적으로 늘리기도 했다.

또한 완성차업체보다는 부품업체가 오히려 좋은 성과를 거두어서 고용이 활발한 편이었다. 지멘스, 보그워너, 현대 모비스, 일본의 JATCO 등의 부품회사가 연구원을 지속적으로 보강하면서 기계공, 금속공, 전기공학 전공자들이 인기를 얻는 모습을 보이기도 했다.

또 한 가지 주목할 만한 사실은 자동차 생산라인 중에서 생산직 하청, 도급과 관련한 일자리가 늘면서 사람들이 생산직에 관한 관심을 보이기 시작했다는 점이다. 생산 분야 비정규직의 경우 임금이 적고 직업 환경이 좋지 않지만, 숙련된 기술공이 정규직으로 일하게 되면 경우에 따라서 1억 원이 넘는 고액 연봉자가 되기도 한다.

## ⚜ 철강 분야

한·미 FTA 체결 이후 철강분야의 흐름을 살펴보면 고용이 늘지 않았다는 것을 알 수 있다. 포항제철그룹이 해외에 공장을 증설했지만, 철강 분야는 기술을 개발해서 현장에 투입되기까지 많은 시간이 걸리는 점을 감안해서 비용을 최소화하고자 노력하고 있는 실정이므로 신중해야 한다는 내부 의견이 많아지면서 관련 분야의 인재는 소수만 채용되었다.

게다가 중국이 활용도 높은 철재들을 자체 생산하면서 중국으로의 수출에 어려움을 겪고 있으며, 무결점운동 바람이 불어 회사에서 채용되는 엔지니어의 숫자도 아주 소수에 그치고 있다.

관세의 장벽이 사라지고 있다고 하지만 2004년 대우자동차 상용차 부문을 인수한 인도 최대의 그룹인 타타그룹이 철강 생산 및 수출에 큰 관심을 갖기 시작해 포항제철이 중국 시장에서 자리잡기까지 다소 시간이 걸릴 것으로 예상된다.

## 화학 분야

한 · 미 FTA 후 화학 분야는 고용의 증가세를 유지하고 있다.

우리나라는 불황 속에서도 화학제품 수 · 출입의 과정에서 관세의 영향으로 순익을 높여 화학 분야가 GDP 중 1위를 차지한 적도 있다. 하지만 이토록 중요한 화학 분야의 관리가 소홀했던 것이 사실이다. 1960~1970년대에 지어진 화학 공장들은 상당한 화재의 위험에 노출되어 있었음에도 화재 예방 전문가를 채용한 회사는 거의 없었다. 결국 구미, 여수 등의 공장에서 화재가 발생했고 어수선한 한 해를 보내고 난 후, 화학 분야의 채용이 늘고 있는 중이다. GS 칼텍스 같은 다국적 회사들이 화학 연구직, 석유화학상품 개발직 분야의 인재를 채용하는 등 화학 분야는 비교적 일자리가 증가하고 있다. 여성인재가 연구개발을 하는 데 적합한 고용 구조를 갖고 있어서 앞으로 이 분야의 여성 취업이 늘어날 가능성이 많다.

다만 화재 위험성이 있어 안전관리가 필요한 여수, 대산, 구미 등의 화학 회사에서 공대 출신을 선호해 인문계 출신 인재에 대한 채용이 상대적으로 줄어들었다.


## 🎖 메이크업 해외영업 분야

로레알, 크리스찬 디올, 코코 샤넬, 시세이도 등 유럽과 일본제 화장품의 선호도가 높던 시절은 지나간 듯하다. 이제는 우리나라의 훌륭한 제품이 세계적으로 좋은 평가를 받고 있다. 한국의 엘지생활건강이 최근에 해외 브랜드에 대한 인수 합병을 검토하는 등 메이크업 시장은 새로운 움직임을 보이고 있다.

관세 장벽의 해소는 메이크업 제품 수출직, 메이크업 제품 현장영업직 등 한국 메이크업 분야의 채용 시장을 밝게 만들어 주었다. 또한 한국인의 피부에 맞는 화장품은 한국 메이크업 회사가 가장 잘 만들 수 있다는 신념으로 훌륭한 제품을 만들어 낸 아모레퍼시픽, 엘지생활건강 등 우리나라 메이크업 회사들의 노력도 큰 작용을 했다.

하지만 사업의 특성상 고용이 지속적으로 늘어나는 것인지 아니면 관세가 없어지면서 일어나는 일시적인 현상인지를 좀 더 파악해야 할 필요가 있다. 또한 중국 시장이 열리고, 중국 여성들의 지출이 늘어나고 있으므로 메이크업 분야의 직업 전망은 더 두고 볼 일이다.

## 🎖 조선 해운 분야

조선 해운 분야는 우리나라의 중요 산업 중의 하나로 한국의 배 만드는 기술은 세계 최고라고 해도 과언이 아니다. 유럽의 발주처들은 이런 우리나라 기업의 조선 해운 기술을 부러워한다. 대우해양조선은 토털 개념으로 배를 만든다. 기획, 입찰, 설계, 시공, A/S가 모두 가능하다. 한국이 불황 속에서도 버틴 원동력은 바로 삼성 중공업, 현대 중공업 등의 대기업에서 드릴선, 유람선, LNG선을 만들 수 있는 기술력을 갖고 있었기 때문이다.

게다가 조선 분야는 FTA 체결로 미국에서 재료를 구매할 때 관세를 물지 않아서 금전적으로 이익을 보고 있다. 그래서 이 분야의 고용 전망은 밝다. 다만 안타까운 점은 중국이 조선 분야 1위인 한국을 추월하는 나라가 되고자 한국인 생산 근로자 중에서 생산 현장 기술이 좋은 기능인들을 고액연봉을 제시하며 스카우트하는 현상이 계속되고 있다는 사실이다.

## 🎖 대중문화예술 산업 분야

21세기 성장동력 산업의 핵심인 대중문화예술 산업은 한 · 미 FTA 체결 후 많은 변화가 생겼다. 대중문화예술 중 애니메이션 분야에서는 미국의 실력 있는 애니메이터들의 작품이 크게 흥행하면서 한국 애니메이터들의 입지가 흔들리고 있다.

이는 영화 시장에도 부정적인 영향을 끼쳤다. 원래 미국은 약 15만여 명이 영화 시장에서 일하고 있을 정도로 영화산업이 매우 발달되어 있는 나라다. 미국인들은 FTA 협상이 이뤄지기 전부터 한국영화를 위축시키는 스크린 쿼터제 축소를 요구했다. 이는 우리나라 영화산업에 큰 타격을 주었다. 최근 상영된 우리 영화 〈8번방의 선물〉이 1000만 관객을 넘어서서 여덟 번째 1000만 관객 영화로 큰 성공을 거두기는 했지만, 미국은 한국의 흥행영화를 홀대하는 정책을 펼침으로써 보이지 않는 장벽을 치고 있다.

결국 한 · 미 FTA 체결 후, 대중문화예술 산업 분야의 고용은 활발하게 이루어지지 못하고 있다. 게다가 대중문화예술 분야는 같은 직업 내에서도 빈부 격차가 가장 심하기 때문에 반드시 개선이 필요하다고 할 수 있다.

## 🎖 부동산 분야

해외 건축 수주 전문가들은 일 년에 640억 불의 수주를 올리면서 기록을 갱신하고 있다. 하지만 국내 건축업자들은 한 · 미 FTA 협정이 자재 값의 상승, 미분양 사태, 적합하지 않은 정부의 부동산 대책 등 시장에 부정적인 영향을 주었다고 말한다.

다만 행복 주택 사업으로 지질 기사 등 일부 현장 기술자들의 일자리는 늘어날 것이다.

## 🎖 금융 분야

FTA 이후 금융 분야의 직업 중에서 애널리스트에 대한 고용은 눈에 띄게 줄어들었다. 금융사는 돈을 벌었지만 애널리스트에 대한 비난과 해고가 많았기 때문이다. 또한 부실대출로 인해 금융 리스크가 커진 점이 눈에 띈다.

게다가 한국의 주식 딜러 채용 시장은 아직 온전하지 못한 고용 구조를 갖고 있다. 실력보다는 인맥이나 연줄을 통해 금융기관장이 된 인물이 많아서 운영을 잘 못하고 있다. 정부지분을 매각해서 금융기관을 통합하거나 해외기업에게 팔기도 하는 현상이 지금도 종종 일어나고 있다.

따라서 우리나라의 금융 산업이 미국에 진출하려면 미국 시장의 특성과 소비 경향을 파악해야 할 것이다.

## 곡물 분야

FTA 체결 후 우리나라는 곡물 분야에서 능력을 발휘하지 못하고 있다. 미국의 거대한 곡물업체들이 한국에 진출해 여러 방면으로 공략하고 있기 때문이다. 한국의 식량 자급률은 22.6퍼센트로 높은 편이다. 따라서 폭염이나 홍수와 같은 자연재해도 계산하면서 대안을 세워야 한다. 정부 차원에서 국립곡물원 같은 기관을 만들고 곡물 확보에 관한 외교를 지원해 주어야 할 것이다.

곡물 분야에 관심이 있다면 곡물딜러로 카길사(Cargill, Inc)와 같은 회사에서 일하는 것을 목표로 삼는 것도 좋다.

## 호텔 분야

한·미 FTA 협정으로 호텔에서 미국인과 업무 협의를 하는 빈도가 증가하고 있다. 호텔 국제 판매직의 고용도 협정 발효 후 늘고 있으며, 호텔의 일을 담당하는 호텔리어의 고용도 늘어날 전망이다.

## 🎖 에너지 관련 공무원 분야

한·미 FTA는 에너지 관련 공무원의 수요를 증대시킬 것으로 전망된다. 에너지의 96퍼센트를 외국에 의존해야 하는 한국에서 에너지 공무원은 전망 좋은 직업이 될 것이다. 특히 에너지 딜러로의 경력은 미국 닉슨 대통령 시절의 헨리 키신저(Henry Kissinger)와 같은 일급 에너지 외교관을 꿈꾸는 인재에게 큰 도움이 될 것이다. 헨리 키신저는 정상 외교를 구축했지만 자국의 에너지 확보라는 문제에도 소홀하지 않았다.

영어를 잘하면서 국내 에너지 관련 전문가 경력이 있다면 필리핀이나 태국 등에서 에너지 전문가로 일하는 것이 가능하다. 엑슨모빌 같은 에너지 회사는 고액 연봉자가 많다. 가스나 원유와 같은 에너지 자원과 관련된 시장에서 일해 보고 싶다면, 현역으로 일하는 시기에 국제선물거래사 자격증을 취득해 두면 도움이 될 것이다.

# 한미 FTA 후
## 직업 시장에 놓인 일곱 개의 덫

한 · 미 FTA 체결 후 직업시장의 환경이 많이 달라지고 있다. 어떤 점이 달라졌는지 짚어 보고 대처함으로써 전망 있는 직업을 찾고 불이익을 피하는 데 도움이 될 것이다.

## ✔ 인문계 홀대

한 · 미 FTA 체결 이후 한국의 인문계 출신들은 인재채용 시장에서 수없이 거절을 당해야 했다. 이들은 구직을 위해 평균 37번의 이력서를 내야만 겨우 면접 기회를 얻는 수모를 당하기도 했다.

## ✔ 깡통 자격증

한국의 직업 시장에서 자격증은 한때 매우 위력 있는 존재였다. 그런데 미국과의 FTA 체결 후 자격증의 위력은 효력을 발휘하지 못하고 있다. 변리사처럼 꼭 자격증이 있어야만 개업이 가능한 직종 외에는 자격증을 취득해도 별다른 효과가 없는 상황이 되었다.

## ✔ 월가 출신의 몰락

미국 월가 출신이 한국 금융권에서 능력 있는 인재로 평가되어 채용 시에 우대를 받던 시절은 이미 지나갔다. 하루 만에 사거나 파는 데이트레이더가 등장하면서 펀드매니저는 쇠락하고 있다.

## ✔ 사회적 책임 임원의 가치 상승

기업들은 브랜드 가치를 중시한다. 석유를 바다에 흘리는 기업이나, 설비가 미흡한 공장 시설로 인해 인근 주민에게 피해를 주는 비윤리적인 기업은 우수한 인재를 확보하기 어려워졌다. 앞으로는 기업의 사회적 책임 담당임원(CSR)이 각광받게 될 것이다.

### ✔ 비정규직 트라우마

정규직에 비해 적은 보수를 받으며 열악한 근무환경에서 힘들게 일하고 있는 비정규직이 전체 근로자의 47퍼센트를 차지하고 있다. 이런 환경은 사람들로 하여금 비정규직을 기피하게 만들고 있다. 그래서 구직자들 사이에 비정규직은 아예 응시조차 하지 않거나, 비정규직을 통해서 정규직을 찾으려는 흐름이 나타났다. 이로 인해 비정규직으로 취업을 하게 될까봐 고민하는 청년이 증가하고 있다.

### ✔ ISD(Investor-State Dispute)

해외투자자가 상대국의 법령·정책 등에 의해 피해를 입었을 경우 국제중재를 통해 손해배상을 받도록 하는 제도를 말한다. 미국과 FTA를 체결했기 때문에 업무상 과실이 발생하면 이 제도로 인해 미국으로부터 소송을 당하지 않을까 걱정하게 되었다.

## ✔ 직업성공평가 금융 자본화

이제는 자기 직업에서의 성공 여부에 대해 높은 연봉을 기준으로 평가하는 사람이 늘어나고 있다. 좋은 직업에 대한 기준으로 연봉이 얼마인지가 가장 중요하게 된 것이다. 이로 인해 FTA 체결 이후 개인 간의 연봉 격차가 가져온 갈등이 커지고 있다.

# 기후 변화에 따른
# 직업의 변화

기후가 기업의 비즈니스 환경에 미치는 영향력은 생각보다 크다.
기후 변화와 관련된 직업을 고르는 안목을 높여 줄 수 있는 직업
과 자격증을 알아보겠다.

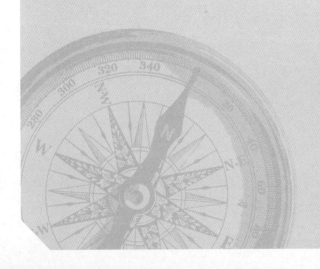

## ⚜ 기상 태풍 분석관

기상 태풍 분석관은 지구상에 존재하는 모든 태풍을 분석하는 일을 한다. 태풍으로 인해 발생될 수 있는 피해를 최소화할 수 있도록 도와주는 것이 주된 업무다. 일주일 후, 한 달 후, 4개월 후로 시간을 두고 태풍이 불어오는 방향과 시점을 예고해서 이를 준비하게 한다.

## ⚜ 기후 변화 예고관

기후는 수시로 변한다. 기후 변화 예고관은 기후 변화의 원인을 찾는 일을 한다. 기상 변화를 예측하면서 예방의 효과도 거둘수 있다. 이를 테면 부근 지역의 아열대성 저기압이 느린 바람을 만나는 순간에 기상이 어떻게 변화하는지를 예고해 주는 것이다. 기상학개론, 바람론에 대한 연구를 하기도 하고, 기후 변화가 식품에 미치는 영향을 조사하기도 한다.

## ⚜ 기상 평가관

장기적이면서 일상적인 기상 변화를 분석하는 일을 한다. 기상 통보론, 기상 전망학, 기상의 거시적인 분석들을 테스트한다. 기상을 평가하는 객관적인 자질이 풍부해야 한다.

## 🎖 바다 목장 관측기사

바다 목장 관측기사는 민첩하면서도 정확해야 한다. 기상 장교로 선발되거나 기상학 숙지, 기상 실습을 하면서 기술을 익혀야만 일할 수 있다.


## 🎖 국제 기상 예보관

외국어를 잘해야 한다. 다른 나라에도 방송을 해야 하는 경우가 많이 생기기 때문이다. 영어뿐만 아니라 중국어나 일어 등 다른 외국어 실력도 함께 갖춰야 한다.

# 기후 관련 직업을 위한 자격증

많은 사람이 기후 변화에 따른 직업과 관련된 자격증에 대해 생소한 것이 사실이다. 그러나 앞으로는 기후 변화가 각 분야에 많은 영향을 끼치게 될 것이다. 기후 변화에 따른 직업과 자격증을 알아보자.

## 간이 기상타워 운영기사 자격증

기상 천문학을 공부하고 전문성을 평가받아야 한다.


## 종합 기상변화 전문기술사

기후는 수시로 너무나 다르게 변하므로 예측하기가 결코 쉽지 않다. 변화무쌍한 기후 변화에 대한 연구를 하는 기후변화 전문 연구가가 되기 위한 관련 자격증이다.


## 계절 예측 기사

기후를 계절별로 분석하고 분류하는 능력을 평가하는 자격증이다. 이런 자격증은 기상 전문 방송 분야에서 일을 시작하는 데에도 도움을 준다.


## 웹기반 기후 모니터링 시스템 기사

웹을 기반으로 해양기후를 관측하면서 그것을 분석하는 데 필요한 자격증이다.

## 🎖 기상레이더센터 레이더 기사

　기상레이더 장비를 관리하고 다루기 위해 필요한 자격증이다. 레이더를 보고 기상 상황을 예측하는 기술을 익혀야 한다.

## 🎖 태양광 작동 장비 기사

　태양광을 측정한다. 기상의 여건을 종합하거나, 구름, 햇빛 등을 다룬다.

# 다가오는 ICT 직업 시장의
# 빅 트렌드 5

현재 세계에는 융합과 통합의 거대한 물결이 다가오고 있다. 융합과 통합의 물결은 직업 시장에도 혁신을 불러일으킬 것이다. 그중 ICT 기술과 IT 관련 신생회사들의 성공이 사회적인 관심을 받게 됨으로써 그 인기가 더욱 높아지고 있다. ICT란 Information & Communication Technology의 약자로 IT(Information Technology)에서 통신(Communication)에 관련된 사업을 말한다. 예를 들면 소셜네트워크, 모바일 콘텐츠, 스마트폰, 태블릿PC앱, e-러닝, 클라우드 등이다.

ICT 시장에서 주목받고 있는 빅 트렌드 5를 알아둔다면 직업 선택에 큰 도움이 될 것이다.

## 🎖 사물 인터넷

2013년 10대 전략 기술 트렌드로 꼽힌 '사물 인터넷(Internet of Things)'이란 사물에 센서를 부착해 실시간으로 데이터를 모아 인터넷으로 전달해 주는 것을 말한다. 이는 사람과 사람, 사람과 사물의 소통을 넘어 이제는 '사물과 사물의 소통'이 가능해진 것을 말하는데, 이를 한마디로 정의하면 데이터를 획득, 저장, 분석한 후 다시 활용하고 예측하는 프로세스라 할 수 있다.

이러한 사물 인터넷은 상품정보를 저장한 극소형 칩이 무선으로 데이터를 송신하는 'RFID'와 센서, 스마트기기의 등장에서 비롯되었다. 예를 들어 최근 구글이 내놓은 스마트 안경 '구글 글라스'나 나이키의 건강관리용 스마트 팔찌 '퓨얼 밴드' 같은 웨어러블 컴퓨터(Wearable Computer)가 이에 속한다. 근거리 무선통신 기술인 'NFC' 칩을 활용한 IT형 가전제품도 마찬가지다. NFC 칩이 탑재된 세탁기는 태그에 스마트폰을 갖다 대면 세탁기의 동작 상태나 오작동 여부를 확인하고 맞춤형 세탁코스로 세탁을 할 수 있다. 냉장고는 실시간으로 온도 점검을 하고 제품 진단과 절전 관리를 할 수 있으며, 파일을 컴퓨터에 옮기지 않고 스마트폰을 프린터기에 갖다 대는 것만으로도 인쇄물을 손쉽게 출력할 수 있다.

ICT 에코 서비스의 통합에서도 사물 인터넷의 기술은 응용이 가능하다.

차량 엔터테인먼트 시스템 또한 이런 분야에서 도출된 기술을 이용해서 발전하고 있다. 예전에는 사물 인터넷 제품이 자동차 회사에서 핵심 기능을 할 것이라고 누구도 예상하지 못했었지만 자동차의 자동제어가 가능하면서 이런 기술의 활용도는 더욱 높아지고 있다.

이 분야는 아직은 개척이 필요한 시장이지만 전망은 매우 밝다. 에코 ICT 서비스 엔지니어가 되고 싶다면 전산학을 전공하고 정보처리기사에서부터 시작하는 것이 좋다.

## ▒ 모바일 개발자

모바일이란 원래 '움직일 수 있는'이라는 뜻으로, 휴대전화와 휴대용개인정보단말기(PDA) 등과 같이 이동성을 가진 것들을 말한다. 손에 들고 다니기 때문에 대부분 가볍고 작은 것이 특징이다. 모바일 개발자는 이러한 모바일기기를 만들어 내는 인재를 일컫는 말이다.

현재 모바일을 통해 모바일뱅킹, 모바일게임, 모바일영화 등 다양한 서비스가 제공되고 있다. 그리고 휴대전화와 PDA, 노트북 등의 장점을 이용한 제품이 끊임없이 개발되고 있으며, 모바일 비즈니스와 모바일 마케팅, 모바일 전자화폐, 모바일 전자정부 등 새로운 모바일 서비스도 생겨나고 있다. 또한 모바일 시장은 통신에 국한되지 않고 방송에도 연결된다. 네트워크, 플랫폼, 콘텐츠 및 서비스, 그리고 단말기 자체에서도 응용된다.

지금은 여러 가지 사업이 PC보다 모바일을 더욱 활용하고 있는 추세다. 모바일의 각종 어플리케이션을 통해 보다 다양한 활동을 할 수 있기 때문이다. 변화의 속도도 엄청나게 빨라서 모바일 시장에서의 트렌드는 소비자가 좌우하는 형국이다.

모바일 시장에서 일하려면 정보경영학을 공부하는 것이 무난하다. 또한 모바일 관련 연구원은 세밀한 감각을 가진 여성에게도 적합하다.

## 🎖 차세대 기술 및 그린 IT

그린 IT는 환경을 의미하는 녹색(Green)과 정보기술(IT)의 합성어로 아직 명확히 규정된 정의는 없지만 IT부문의 모든 친환경 활동을 의미한다고 볼 수 있다. 또한 현재 차량이나 산업에서 발생되는 공해나 환경오염 등을 IT기술로 방지하고 예방함으로써 보다 나은 환경을 만들자는 의미로도 사용된다. 보통 그린 IT 하면 환경을 저해하는 문제점을 친환경적으로 바꾼다는 의미로도 해석할 수 있지만 정보와 기술을 결합하되 환경이 가미되지 않은 IT는 소비자들에게 환영받지 못할 것이라는 부정적인 생각을 갖고 있는 것은 아니다.

차세대 빅 데이터 기술은 그린 IT 기술의 선호도를 향상시킬 것이다. 이와 더불어 그린 IT 전략의 수립과 실행이 효과적이고 효율적으로 진행될 수 있도록 조언해 주는 그린 IT 컨설턴트의 시장 수요가 늘어날 것으로 보인다.

## 🎖 전략적 빅 데이터

2013년도에 부각되고 있는 것 중 하나인 전략적 빅 데이터는 기본적인 빅 데이터가 가지고 있는 한계를 이겨내기 위해 전략적으로 데이터를 관리하는 것으로 정말 필요한 데이터가 무엇이고 필요 없는 데이터가 무엇인지 구분해 내는 것을 말한다. 이를 구분해 냄으로써 지금까지의 결과가 어떻게 나왔는지, 그 이유는 무엇인지 알아보고 앞으로 어떻게 해야 더 성장할 수 있는지를 알아내는 것이다. 메모리기술이 발달하면서 대규모 데이터를 저장하는 것이 가능해졌고, 전략적 빅 데이터를 사용할 수 있게 되었다.

시스템 분석가, 여론 해석가, 선거 전략가, 데이터베이스 전문가들이 이 분야의 전문직업인으로 성장하고 있다. 2012년 미국 대선을 앞두고 박빙의 승부를 벌였던 오바마가 롬니와의 경쟁에서 전략적 빅 데이터를 사용한 것은 잘 알려진 사실이다.

## ⚜ 클라우드 엔지니어

클라우드는 IT용어로 인터넷을 통해 자신만의 가상공간에 정보를 저장하거나 처리하는 것을 뜻한다. 이때 가상공간을 한 서버로 특정 지을 수 없기 때문에 구름 속에 있는 것과 같다는 의미로 클라우드라고 한다.

이 분야의 직업 전망은 밝다. 소프트웨어인 SaaS(Software as a Service), 콘텐츠 스트리밍이 개인 서비스 영역으로 확대되면서 페더럴 익스프레스(페덱스) 같은 회사가 이 분야의 소비자가 될 가능성이 높다. 하드웨어 영역인 데이터 센터 및 서버를 기업에서 주관하면서 적용시장이 커지고 있고, 정보에 기초한 통신과의 융합이 나타나면서 컨버전스 시대가 가까이 다가올수록 클라우드 컴퓨팅 엔지니어의 고용은 늘어날 전망이다.

# 세계를 무대로 활동하는
# 전문 변호사 베스트 6

요즘 우리나라에는 변호사가 많아져 돈벌이를 못하는 변호사도 있다는 말이 종종 들리기도 한다. 시장의 수요와 공급의 불일치로 생기는 현상이다. 그러나 세계로 시야를 돌린다면 전문지식을 활용할 수 있는 기회를 분명히 찾을 수 있을 것이다.

## 🎖 용선 전문 변호사

삼면이 바다로 둘러싸인 지형적 여건을 가진 우리나라에서 해운산업은 반드시 필요한 국부 창출 산업이다. 일례로 우리나라 2008년도 경제 발전의 92퍼센트는 수출입으로 이루어졌다. 내수가 침체된 상태라고는 하지만 높은 수치임에는 틀림없다. 하지만 그로 인해 우리는 해운 8대 강국으로 성장할 수 있었다.

2014년에는 우리나라가 세계 8위의 무역 강국으로 성장하게 될 전망이다. 그에 따라 앞으로 배와 관련된 용선계약이 상당히 증가할 것이다. 따라서 배를 빌리고, 사고파는 일에서 전문적인 역량을 발휘하게 될 용선 전문 변호사의 활약을 기대해 볼 수 있다. 용선 전문 변호사는 배의 임대 계약, 배의 하자 발생 시 손해배상 등의 문제 등을 다룬다. 이 분야의 전문가가 되고 싶다면 로스쿨에서 국제 해상법, 계약법 등을 공부하는 준비가 필요하다.

영국의 런던에는 이미 많은 용선 전문 변호사가 활동하고 있는데, 해운 운송회사에 소속되어 일하기도 하고, 용선 전문브로커로서 직접 소규모 회사를 차려 운영하기도 한다.

## 🎖 금융상품 분쟁전문 변호사

이익을 다루는 곳에는 분쟁이 존재한다는 말이 있다. 특히 선물옵션 등의 파생 금융상품 거래에서는 분쟁이 자주 발생한다.

이익을 본다면 분쟁이 생겨도 해결하기가 수월하지만 손해가 발생하면 분쟁이 생기고 그 해결이 쉽지 않다. 금융상품을 판매하는 과정에서 이익이나 손해와 관련한 문제가 생겼을 때 상품 판매 과정에서 그 사항에 대한 충분한 설명이 이루어졌는지에 대해 분쟁이 일어나는 경우가 많은데 바로 이런 문제가 생겼을 때 개입해서 분쟁을 해결하는 사람을 금융상품 분쟁전문 변호사라 한다.

대부분의 분쟁이 은행에서 발생하므로 골드만삭스, 국민은행과 같은 대형은행들과 조인해서 일하는 경우가 많으며, 금융권에서 금융상품을 판매해 본 금융영업의 경험을 가진 2~3년 차 젊은이라면 로스쿨에 진학해서 이 분야에서 능력을 발휘해 보는 것도 좋다. 금융상품 분쟁전문 변호사가 되기 위해서는 금융 통합법을 공부하면서 법적 마인드를 함양하는 노력이 필요하다. 상법, 상거래 연관 법률을 평소에 열심히 익혀 두면 이 분야의 전문가로 입지를 만들어 갈 수 있다.


## ♛ 스포츠 국제계약 전문 변호사

항상 좋은 피칭을 위해 잠을 자면서도 피칭 연습을 할 정도로 노력하는 야구선수 이승엽은 일본에서 고액의 연봉을 받으며 타자로 활약했었다. 만약 그가 미국 메이저 리그에 진출하기를 원한다면 그 일을 법률적으로 처리해 줄 전문가가 필요하다. 그런 일을 처리해 주는 사람이 바로 스포츠 국제계약 전문 변호사다.

메이저 리그는 미국과 유럽의 자본이 투자된 시장으로 연봉 협상을 할 때 그 선수의 지난 경기 기록을 많이 참고한다. 그래서 스포츠 국제계약 전문 변호사는 야구 기록이 지닌 의미를 잘 알아야 한다. 그래야만 선수의 입단 과정에서 법적인 자문을 효과적으로 할 수 있기 때문이다.

스포츠 국제계약 전문 변호사가 되기 위해서는 로스쿨에서 변호사 과정을 공부하면서 동시에 알렉스 로드리게스, 박찬호, 추신수와 같은 선수들의 기록을 살펴보면서 분석하고 경기 실적 등도 면밀하게 파악해야 한다. 또한 민사 계약의 원칙에 의해 선수와 구단과의 계약이 이루어지기 때문에 외국어를 능통하게 구사할 수 있도록 준비하고 계약서를 영어로 작성하는 것에 대한 훈련도 함께 해 두면 좋다.

## 🎖 의료분쟁 전문 변호사

한 여대생이 성형을 했는데 얼굴이 망가지는 부작용이 발생했다. 누구의 잘못으로 이런 문제가 생겼는지 알 수 없지만, 여대생의 부모는 법적으로 이 문제를 해결하고자 한다. 하지만 여대생이나 부모가 직접 의사의 잘못을 밝혀내기는 쉽지 않을 것이다.

의료분쟁 소송은 생각보다 복잡하게 진행된다. 성형 과정의 모든 조치를 검토해야 하기 때문이다. 물론 이런 일이 자주 일어나는 것은 아니지만 이런 의료분쟁이 생겼을 때 여대생의 입장에서 법적으로 손해 배상 소송을 진행하는 일을 하는 사람이 의료분쟁 전문 변호사다.

의료분쟁 전문 변호사가 되고 싶다면 의과대학을 마치고 바로 로스쿨에 진학하는 것도 하나의 방법이다. 의사 자격증을 취득하고 인턴과 레지던트 과정을 거친 후 로스쿨에 입학하면 소송에서 큰 도움이 될 것이다. 의료분쟁은 전문적으로 다뤄지는 분쟁이기 때문에 의료진의 자문 진술을 듣기도 하므로 반드시 의자 자격증을 취득해야 하는 것은 아니지만 의사 자격증을 가진 변호사가 직접 소송을 한다면 이 분야에서 전문성을 발휘하며 더욱 자리 잡기가 쉬울 것이다.


## 🎖 수산업법 전문 변호사

우리나라의 수산업 관련법은 매우 다양하다. 하지만 어부들이 관련법에 대해 정확하게 알지 못해 곤란을 겪는 경우가 많다. 예를 들어 바다에서 고기를 잡는 것에 대한 허가를 받는 것을 어업권이라 하는데, 어업에는 양식 어업, 마을 어업, 협동 양식 어업, 복합 양식 어업, 패류 양식 어업, 해조류 양식 어업, 정치망 어업

등 그 종류도 매우 여러 가지이고 각 어업마다 적용되는 규정도 각기 다르다. 어업권은 일정한 절차를 거쳐야만 취득할 수 있으며, 취득일로부터 1년 이내에 고기잡이를 시작해야 된다.

또한 어부가 1년 이상 휴업을 하고 싶다면 휴업 기간을 정해서 군수, 시장 구청장에게 신고해야 한다. 하지만 대부분의 어부는 이런 규정을 잘 모르는 것이 현실이고, 만약 어업권 소송이 걸리면 큰 어려움을 겪게 된다.

실제로 1986년 우리나라 대법원 판례 86도 1002판례에 의하면, 홍합 양식 면허를 받은 A가 실제로는 굴을 양식한 것이 발견되어 수산업법 제89조에 의거 형사 입건된 사례가 있다. 이 사건에 대하여 우리나라 대법원은 '양식 면허는 반드시 양식물의 종류를 특정하여 받아야 하고, 그 면허를 받은 양식물 이외의 양식물을 그 면허장에서 양식하거나 채포하는 행위는 금지된다'고 판결요지를 밝혔다.

이 사건처럼 이후에도 수산업 관련법을 잘 몰라서 발생한 사건들이 많이 일어나고 있지만 대부분의 어부가 법에 대해 잘 모르기 때문에 문제를 해결하지 못해 어려움을 겪고 있다. 삼면이 바다인 우리나라에서 수산업은 주요한 생업 영역이므로 이런 문제는 앞으로 더욱 주목받게 될 것이다.

이런 문제가 생겼을 때 어민들을 위한 법률 조력, 변호의 일을 하는 변호사를 수산업법 전문 변호사라고 한다. 현재에도 수산업법 전문 변호사의 일은 생각보다 많지만 앞으로 수산업은 국민 식량의 보고(寶庫)가 될 전망이어서 다양한 수산 분쟁이 일어날 것이다. 하지만 아직까지 우리나라에는 수산업법 전문 변호사의 수가 생각만큼 충분하지 않다.

섬나라인 일본의 경우, 수산업법 전문 변호사가 다루는 사건은 매우 다양하고 많다.

수산업이 비교적 발달한 일본은 정책적으로 한국 남해안에서 한국 어부들이 어획한 생선을 바다에서 매입한 후 자기나라의 바다 목장으로 가져가서 다시 생육하고 키워서 타국에 더 많은 이익을 보고 되파는 일을 함으로써 국부를 창출하는 데 한몫하고 있다. 이들이 그렇게 성공할 수 있었던 것은 수산업법 전문 변호사의 노력이 가미된 정책적인 뒷받침도 큰 역할을 했다고 볼 수 있다.

우리나라도 어부들의 권익 보호를 위해 헌신하고자 하는 직업의식을 지닌 젊은이라면 수산업법 전문 변호사의 길을 걷는 것도 보람이 있을 것이다.


## ♛ 국제 인권 전문 변호사

인권은 한마디로 인간의 권리를 말한다. 유엔은 인권선언을 통해 사람이라면 누구나 정치적인 자유, 사회적인 자유, 경제적인 자유 등을 누릴 권리가 있다고 천명했다. 하지만 현실에서는 이 권리가 잘 지켜지지 못하고 유린되는 경우가 많다. 이런 상황에서 국제적으로 인권 유린에 대해 투쟁하고 인권보호를 위한 국제적인 변론을 하는 사람이 바로 인권 전문 국제 변호사다.

1990년 유엔에서는 두개의 국제형사 재판소를 만들었는데, 이는 국제적인 인권 침해를 보고도 국제적 형사 절차를 진행하지 못한 지난 통한의 역사의 전철을 다시 밟지 않으려는 유엔의 태도가 반영된 것이다. 국제 인권 전문 변호사가 되면 이곳에서 전쟁, 인권에 반하는 국제 범죄 등을 다룰 수 있게 된다.

국제 인권 변호사는 약 100개국 이상이 가입한 '고문 방지에 관한 협약', 약 190개국이 가입한 '아동의 권리에 관한 협약', 약 160개국이 가입한 '여성 차별 철폐에 대한 협약' 등 국제 협약을 참조하면서 유린된 인권을 보호하기 위해 활동해야 하므로 국제 인권 동향에 항상 민감해야 하고, 국제법과 국제 협약을 공부하면서 직업 역량을 키워 나가야 한다.

전 세계적으로 인권의 중요성에 대한 목소리가 높아지면서 국제 인권 변호사의 길은 갈수록 다양하게 펼쳐질 것이다. 국제 정치 문제에 관심이 많고 인류 개개인의 법익을 보호하는 일을 가치 있게 생각하는 인재라면 권하고 싶은 직업이다.

국제 인권 전문 변호사가 되려면 미국이나 일본의 로스쿨을 통해 공부하는 것도 방법이고, 한국의 로스쿨에 진학해 외국어를 함께 준비해 국제 인권 보호를 위한 지식 기반을 갖추는 것도 한 방법이다. 현대화가 진행되어도 국제 인권 침해 사례는 갈수록 지능화되고 다양화될 것이다. 이런 현장에서 피해자의 권리 구제를 위해 노력하는 일은 가치 있고 보람된 일이 아닐 수 없다.

# 여성들이여, 세계를 무대로 꿈꾸라!
## 여성 글로벌 직업 10

한국 여성들에게 희망을 제공하고자 여성을 위한 글로벌 유망 직업 열 가지를 추천한다.

선정기준은 다섯 가지다. 첫째 전문성, 둘째 보수, 셋째 다른 직업과의 차별성, 넷째 안정성, 다섯째 능력평가에 대한 공정성이다. 이 다섯 가지 항목을 기준으로 점수를 매기고 엄선한 한국 여성을 위한 글로벌 유망 직업 열 가지에 대해 살펴보자.

## 인터내셔널 인수 합병 전문 변호사(International M&A Lawyer)

기업을 법적으로 평가해서 사고파는 일을 하는 사람을 말한다.

하나의 기업을 사고파는 과정에는 해야 할 일이 많다. 변호사로서 법적인 문제를 다루는 일뿐만 아니라 시장에서 기업이 직면한 문제를 찾아내고 그것을 다루는 일도 한다. 따라서 무엇보다 기업 생태를 잘 알아야 한다. 숫자를 다루는 일도 포함되기 때문에 섬세한 감각을 갖고 숫자를 좋아하는 여성에게 더욱 적합할 수 있다.

로스쿨을 졸업하고 변호사 시험에 통과해야 이 분야에서 일하는 것이 가능하다. 로스쿨에 진학해서 민법, 상법을 배우고 상행위법에 대해 늘 관심을 갖고 공부해야 한다. 또한 법률과 관련된 새로운 지식을 수시로 습득해야 한다. 인수합병 시장에서 고려해야 할 사항이 많기 때문에 경제수학, 회계학을 공부하는 준비도 필요하다.

## 기술 번역가

영어로 설명된 기술을 한국어로 번역해 주는 일을 하는 사람이다. 번역하고자 하는 기술에 대한 이해와 검증이 있어야만 올바르게 기술을 번역할 수 있다. 차분한 성격으로 언어학을 공부한 사람이라면 도전해 볼 만하다.

## 게임 회사의 인터내셔널 이슈 코디네이터

게임회사가 상품을 해외에 출시할 때 브리핑을 준비하고 시행하는 등 게임 진출을 총괄적으로 돕는 일을 한다. 보수가 높은 직업으로 성장 가능성이 크다.

## 파이낸셜 리스크 전문가

미국에는 파이낸셜 리스크 자격증이 있는데, 기업의 재무 위험을 정밀하게 파악할 수 있는 사람에게 주는 자격증이다. 미국은 금융업이 발달한 나라이므로 파이낸셜 자격증을 가진 사람은 인기가 높다. 미국 월가에 진출해서 일하고 싶다면 이 자격증을 따는 것이 좋다. 신용을 분석하는 일을 하는 분야의 전문가가 되는 데 유리하다. 경제학이나 경영학을 전공해서 이 자격증을 따두면 투자은행에 취업하는 데 유리하다.

## 고령자 정책 인터내셔널 리서처

각국의 복지정책을 전문적으로 연구하는 등 사회 조사를 많이 하는 직업이다. 각 국가의 고령자 정책을 위한 조사는 첨단 기법을 사용하기 때문에 고도의 전문직이라고 할 수 있다.

## 🎖 여성 임상 심리사

직장, 가정, 조직 내의 스트레스를 다루고 분석한다. 스트레스가 심한 세상이 되면서 이들의 전문성은 점점 높게 평가될 것이다. 임상심리사는 심리 · 생리적 장애가 있는 개인 또는 집단을 대상으로 심리상담을 한다. 정신건강과 관련된 프로그램을 개발하기도 하며, 심리치료에 관한 연구를 수행하기도 한다.


## 🎖 의용공학기기 엔지니어

1960년대 의료 선진 국가 미국에서 최초로 의용공학과를 개설했다. 미국 각 대학에 의용공학과가 생기면서 각국으로 전파되었다. 한국은 조금 늦은 1978년에야 상륙했지만 이것도 아시아에서 최초라고 한다.

인간의 생명 연장과 건강 증진에 혁신적으로 기여하고 있는 의용공학기기 분야는 로봇 수술을 가능하게 만들어 준 최첨단 의료기술이다.

의용공학기기 엔지니어가 되면 존슨앤존슨 메디컬 같은 직장에서 인간의 체형이나 질병을 연구하기도 하고, 독일의 튀롱겔 의료기기 산업 단지에 취직해서 일할 수 있다.

## ⛨ 항공 부품 연구원

비행기에 들어갈 부품을 연구하거나, 디자인하고 선택해서 수출하는 과정의 전반적인 업무를 처리한다. 한국에서도 KAI 한국 우주 항공 등에서 여성 연구원을 전략적으로 채용할 전망이다.

## ⛨ 국제 문제 전문기자

영어로는 'Global Problem Reporter'라고 불린다. 국제 문제를 보도하고 이를 취재하는 일을 한다. 국제기구에서 일하기도 한다.

## ⛨ 이질문화 컨설턴트

다른 문화에서 오는 갈등을 미리 방지하거나 완화시키기 위해 상담하는 일을 한다. 주로 강의, 기고 등의 활동을 하며 한국 국제협력단이나 다른 국제기구에서 일할 수 있는 기회가 주어지기도 한다.

# FTA 시대,
## 이런 국내외 자격증에 도전하라

사실 한·미 FTA가 체결되기 전에도 한 사람이 2~3개의 자격증은 기본적으로 갖고 있을 만큼 자격증 열풍은 대단했다. 그런데 FTA 체결 이후 미국과 한국의 시장이 통합되면서 무용지물의 자격증과 취득해 두면 좋은 자격증의 차이가 생겼다.

좋은 직업을 갖는 데 도움이 될 만한 자격증 열 가지를 살펴보자.

## 결혼 및 가족 상담사 자격증

앞으로 가족 간의 대화가 더욱더 중요해질 것이다. 가족이나 결혼에 관한 문제를 상담해 주는 일에 관심이 있다면 이 자격증을 취득해 두면 좋다. 한·미 FTA가 체결된 후, 경제 방면의 경쟁이 더욱 치열해짐에 따라 사람들이 받는 정신적·심리적 압박감이 한층 심해졌다. 미국에서는 이런 자격증을 갖고 있으면 심리 클리닉을 개업하는 데 유리하다.

## 조주사 자격증

술을 만들어 내는 주조사와는 다른, 술을 배합해서 새로운 맛을 만드는 자격증이다. 이런 유의 자격증을 갖게 되면 서비스 분야에서 직업을 찾기가 쉬워질 것이다.

## 물리치료사 자격증

한·미 FTA 이후 미국의 의료 시장은 더욱 개방되었다. 미국에서는 물리치료사의 역할이 커지고 있어서 이 자격증을 갖고 있으면 큰 도움이 될 것이다.

## 🎖 미국 공인회계사 자격증

한·미 FTA로 인해 국제 표준회계가 우리나라에 도입되면서 기업들은 재무구조를 국제 수준에 맞게 바꾸려고 노력할 것이다. 그래서 미국 공인회계사 자격증을 가진 사람들이 다국적 기업의 감사 회계를 다루는 일이 많아질 전망이다.

## 🎖 기계 기사 자격증

한·미 FTA 체결로 수출이 늘어날 것으로 전망되는 분야 중의 하나는 바로 자동차 시장이다. 기계 기사 자격증을 보유하고 있다면 자동차 관련 직업 시장에서 일할 기회가 더욱더 늘어날 것으로 보인다.

## 🎖 농산물 품질 관리사

안타깝지만 한국 농부들의 직업 여건은 FTA 체결 이후 더욱 악화되었다. 우리의 농업을 살리기 위해서는 품질 좋은 농산물의 브랜드화, 고급화를 추구해야 한다. 이런 상황에서 농산물의 품질을 다루는 농산물 품질 관리사 자격증은 직업 시장에서 매우 높은 가치를 지니게 될 것이다.

## 국제무역사 자격증

무역이 보다 활성화되면서 무역 관련 서류 작성능력 등 무역 실무능력을 테스트하는 국제무역사 자격증은 도전할 만한 자격증이 될 것이다.

## 생물공학기사 자격증

생물공학은 의약, 화학, 환경, 식품, 에너지 및 자원, 농업 및 해양, 생산 공정 및 엔지니어링, 검정 및 측정 시스템에 이르기까지 매우 다양한 분야에 활용되고 있다. 이에 따라 생물공학 분야의 지식을 바탕으로 각종 생물공학기술을 이용한 새로운 생물산업제품을 개발해 생산하거나 기존의 생산 공정을 생물 공정으로 개선하는 등의 업무에 도전하고 싶다면 생물공학기사 자격증을 취득하는 것이 좋다.

## 소믈리에 자격증

고객들에게 음식과 어울리는 와인을 추천해 주고, 와인을 관리하는 사람을 소믈리에라고 한다. 소믈리에 자격증을 취득한다면 한국과 미국의 와인 시장에서 보다 경쟁력을 갖출 수 있을 것이다.

## ♋ 호텔 행정 자격증

호텔 행정 자격증(Hotel administration Licence)이란 호텔의 체크인에서부터 체크아웃에 이르는 행정의 모든 것을 다루는 능력을 테스트하는 자격증이다. 시카고 대학 또는 미국 코넬 대학의 호텔학과에서 공부하거나 스위스의 호텔학교에 진학해 호텔학, 호텔 서비스, 호텔 재무, 호텔 운영론을 학습하면 이런 자격증을 취득하는 데 유리하다. 이 자격증은 호텔 관련 직업을 갖고 싶어 하는 사람에게 큰 도움을 줄 것이다.

☑ HAPPINESS

☑ TREND

☑ VISION

There is nothing like dream
to create the future.
Utopia today,
flesh and blood tomorrow.

-Victor Hugo

# 3

CHAPTER

Vision

비전 있는 직업을 알아야
글로벌 인재가 될 수 있다!

# 경제, 산업, 자원 분야

세계의 직업을 알아보고 전망 있는 분야에서 일할 수 있도록 체계적으로 준비하고 자신의 역량을 펼칠 수 있는 기회를 잡는 것이 국내의 좁은 취업시장에서 치열하게 경쟁하는 것보다 더 효율적이고 비전 있는 일일 것이다.

먼저 경제, 산업, 자원 관련 분야의 전망 있는 직업을 살펴보겠다.

공급망 관리(SCM-Supply Chain Management)란 제품 생산을 위한 프로세스로, 제품이 공급자에서 소비자에 이르기까지 이동하는 진행 과정을 감독하는 것을 말한다. 공급망 관리 시스템은 크게 두 가지로 나뉜다. 첫째는 제품과 서비스에 대한 수요 분석을 철저히 함으로써 공급에 차질이 없게 하는 공급망 기획(Supply Chain Planning), 둘째는 제품과 서비스의 주문관리, 주문이행, 주문확인을 거친 후 하게 되는 주문 처리를 하나의 프레임으로 하는 총체적인 관리 시스템 공급망 운영(Supply Chain Executive)이다. 의류, 자동차, 선박 등 모든 제조업 분야에서 이런 업무가 진행된다. 공급망 관리자는 위의 일들을 수행한다. 이렇게 공급망 관리를 하면 부품 조달에서 생산계획, 납품, 재고관리 등을 효율적으로 처리할 수 있다.

공급망 관리는 간단할 것 같지만 사실 그렇게 단순하지가 않다. 이들은 먼저 소비자의 동향부터 파악해야 한다. 시장에서 직접 소비자들의 취향을 파악하고, 소비자들의 불만이 무엇인지를 찾아내는 것도 공급망 관리자의 일이다. 이들이 파악하는 공급자들의 생산 정보와 이를 사는 소비자들의 정보는 바로 시장의 마케팅 전략과 연결되기 때문에 시장에서 벌어지는 상황을 재빠르게 파악하는 것이 무엇보다 중요하다. 최적의 관리시스템으로 생산에서 소비 이후를 관리하는 생산공급망을 구축하려면 항상 시장 상황을 주시하면서 정보 조사를 잊지 말아야 한다. 또한 현장에서 만난 소비자들이 하는 질문에 만족할 만한 답변을 해 줘야 하기 때문에 기술의 변화에 민감해야 한다.

공급망 관리는 제조유통업에서 핵심적인 역할을 하는 분야이므로 전망이 매우 밝다. 특히 가전 시장에서 공급망 관리자의 역할은 매우 중요하다. 소니, 삼성 전자, 하이얼 전자 같은 회사들도 이런 공급망 관리를 상당히 중요하게 생각하고 있다. 가전 시장은 인구의 변화에 영향을 크게 받는 시장이기 때문에 인구 증가 속도가 매우 빠른 인도에서 더욱 전망이 밝다.

대기업에서 공급망 관리자로 일하게 되면 정해진 보수를 받지만 이익 배당을 통해서 연말에 추가이익을 받기 때문에 연봉 수준도 높은 편이다.

## 〈인도 가전회사 공급망 관리자〉가 되기 위한 준비 · TIP

가전회사의 공급망 관리자가 되고 싶다면 대학에서 유통학과를 졸업하는 것도 좋다. 경영학을 배우면서 마케팅 심리, 소비자 심리학, 소비자 조사론을 배워 두면 도움이 된다. 또 학창 시절에 시장조사기술을 배워 두면 좋다. 시장의 트렌드를 현장에서 파악할 수 있기 때문이다.

직업만족도 : ★★★
소득 수준 : ★★
미래 전망도 : ★★★
핵심 능력 : 공급망 개척 및 관리
관련 학과 : 유통학과
도움이 되는 과목 : 유통학개론, 마케팅론, 소비자행동론
관련 진출 분야 : 가전 회사, 제조품 생산 회사
관련 자격증 : 유통관리사 자격증
지원하는 방법 : 회사의 공채 응시
정보를 얻을 수 있는 홈페이지나 기관 : 주한 인도 대사관(www.indembassy.or.kr)

해외에 공장 전체를 지어 주고 현지에서 그 공장이 원활하게 운영되도록 도와주는 전체의 과정을 플랜트 수출이라 한다. 플랜트 수출은 그 자체로 하나의 종합선물세트와 같다. 기술 수출을 하면 그 나라의 공장에 상당 기간 동안 부품과 소재를 판매하는 것이 가능해서 이를 통해 파생되는 부가이익이 크다. 이런 부가 효과를 생각하면서 종합 상사나 건설 회사에서는 기술 수출 전문가를 기르고 채용하는 과정을 개설하고 있다. 특히 중국은 공장 건설에 대한 수요가 높아서 플랜트 수출 전문가가 지속적으로 필요할 것으로 예상된다. 기술 수출 분야에서 성별에 대한 차별은 없으므로 여자도 충분히 도전해 볼 만한 직업이다.

플랜트 수출은 기술 수준의 차이 때문에 이루어진다. 기술이 발달한 나라가 수출을 하고, 기술수준이 낮은 나라가 수입을 하는 식이다. 플랜트 수출 수요가 생기면 해당 나라의 관련 기관에서 발주를 한다. 그러면 플랜트 수출 전문가는 발주 과정에서 여러 가지 정보를 입수한다. 이런 정보를 바탕으로 기술의 종류, 공사 기간, 공사 금액, 유지·운영에 관한 계획을 담은 프레젠테이션을 진행한다.

예를 들어 페루에 한국의 SK가 화학공장을 지어 주는 기술 수출을 한다고 하자. 이렇게 되면 계약이 체결되기까지 상호간에 무수한 협상과 프레젠테이션이 진행된다. 따라서 외국어로 프레젠테이션을 진행할 수 있도록 외국어를 공부해 두면 플랜트 수출 분야에서 일하는 데 큰 도움이 될 것이다. 이런 기술 수출을 통해서 하나의 기술이 상대 국가로 전이되는 현상은 인류의 미래를 위해서도 매우 바람직한 일이다.

플랜트 수출 전문가는 건설 회사에서 일하는 경우가 많다. 건설 회사 수출에는 개별 제품과 건축 수출도 있지만, 이와 같은 플랜트 수출도 이뤄진다. 기업에서 일하는 플랜트 수출 전문가의 수입은 높은 편이다. 물론 회사에서 정한 일정한 보수를 받기도 하지만 일정 수익 이상을 올린 새로운 플랜트 수출에 직접적인 기여를 했거나, 새로운 플랜트 수출 수주를 따내는 데 성공하면 별도의 보너스가 지급되기도 한다.

## 〈중국 플랜트 수출 전문가〉가 되기 위한 준비    TIP

이 분야에서 일하고 싶다면 대학에서 기계공학과, 화학공학과, 에너지학을 전공하면 좋다. 이런 전공공부를 통해 자신의 역량을 키우고, 이에 더해 한 가지 외국어 능력을 키우면 입사시험에서 좋은 평가를 받는 플러스 요인이 될 것이다.

| | |
|---|---|
| 직업만족도 : ★★★★ | |
| 소득 수준 : ★★★★ | |
| 미래 전망도 : ★★★★★ | |
| 핵심 능력 : 공장 운영 능력, 전공에서의 전문성 | |
| 관련 학과 : 화학공학과, 기계학과 | |
| 도움이 되는 과목 : 공학개론, 화학공학, 기계학 | |
| 관련 진출 분야 : 화학공장 건설 및 운영 | |
| 관련 자격증 : 화공 기사 | |
| 지원하는 방법 : 기업의 수시 채용, 정시 채용 | |
| 정보를 얻을 수 있는 홈페이지나 기관 : 주한 중국 대사관 | |

2008년 9월 미국에서 발생한 월가 사태는 세계적인 금융위기를 초래했다. 원인은 여러 가지겠지만, 그중에서 금융 리스크를 생각 하지 않고 신용등급이 낮은 저소득층을 대상으로 주택자금을 빌려 주는 미국의 주택담보대출상품인 서브프라임 모기지를 지나치게 거래한 것이 그 주원인으로 지목되고 있다. 이 시기에 위기를 잘 극복한 나라가 바로 캐나다다. 캐나다 금융 리스크 매니저들 덕분에 캐나다 은행들은 2008년 가을 월가의 금융위기에서 거의 손해를 보지 않았다고 한다.

그렇다면 금융 리스크 매니저란 정확히 어떤 직업일까? 외환시장에서 국내·외 주식, 선물옵션, 채권, 자금흐름, 시장위험을 조사해 분석하고 통제하는 일을 수행하는 사람을 금융 리스크 매니저라 한다. 금융거래를 잘하기 위해서는 리스크를 전문적으로 다뤄서 안정적인 방향의 금융 설계를 가능하게 해 주는 금융 리크스 매니저의 노력이 필요하다. 리스크를 잘 다루고 관리한 덕분에 캐나다의 금융 리스크 매니저는 금융위기 후 캐나다에서 인기 직업이 되었다.

금융 리스크 매니저는 금융시장의 내부적인 요소와 외부적인 요소를 잘 고려해서 판단해야 한다. 지진, 자연재해 등으로 금융시장이 달라질 수도 있기 때문이다. 이런 요소들을 고려해서 금융 리스크를 분석하고 자기 이름으로 리포트를 발표하기도 한다.

금융거래가 많아지고 있는 홍콩에서 금융 리스크 매니저의 일은 지속적으로 증가하고 있어 유망 직업으로 떠오르고 있다.

## 〈홍콩 금융 리스크 매니저〉가 되기 위한 준비 TIP

금융 리스크 매니저가 되기 위해서는 경기 변동론, 미시경제, 거시경제를 공부해 두면 도움이 된다. 또한 리스크 요인들을 분석하는 과정을 거치면서 금융시장에 대한 분석력을 키워야 한다. 영국 케임브리지 대학에서 금융 공학을 공부하는 것도 이 분야로 진로를 택하는 데 도움이 될 것이다. 수학에 관심이 많고, 항상 분석적이고 흐름의 맥을 파악하는 역량이 높을수록 이 분야에 적합한 적성을 갖고 있다고 볼 수 있다.

직업만족도 : ★★★★
소득 수준 : ★★★★
미래 전망도 : ★★★★★
핵심 능력 : 경제 분석력
관련 학과 : 경제수학과(영국 케임브리지 대학의 경제 수학과 대학원 코스를 추천함)
도움이 되는 과목 : 경제시장, 거시경제학, 미시경제학
관련 진출 분야 : 금융 기관 리스크 매니저 분야
관련 자격증 : 공인회계사 자격증
지원하는 방법 : 수시 채용
정보를 얻을 수 있는 홈페이지나 기관 : 주한 중국 대사관

휴먼 캐피털(Human Resources capital)이란 주요한 국가의 자산이 되는 인적 자원을 말한다. 석유나 가스 같은 자원이 풍부한 러시아, 카자흐스탄 같은 나라는 오랫동안 인적 자원보다는 물적 자원을 중심으로 국가 개발 전략을 펴 왔다. 하지만 그 결과는 좋지 않았다. 인적 자원 개발에 성공한 미국, 핀란드, 덴마크, 네덜란드, 캐나다 등은 이미 3만 불 이상의 국민 소득을 올리는 국가로 성장한 반면, 물적 자원 중심의 개발 전략을 시행해 온 국가들은 저소득 국가로 머물고 있는 것이다.

미국에서는 인적 자원을 개발하고 훌륭한 인재를 육성하기 위해 정부와 금융 기관이 청년들에게 투자하는 금융 상품을 개발했다. 이 금융 상품은 순수하게 개인과 금융 기관 간의 금융 상품으로 판매되었고, 이를 통해 마련된 자금은 일반 대학, MBA, 로스쿨 등에 다니는 청년들의 학비로 쓰였다. 그리고 이들이 졸업 후 취직을 하고, 일정 연봉 이상의 소득자가 되면 자신이 사용한 자금을 금융 기관에 갚도록 했다.

이런 시스템은 정부의 재정 부담을 줄여 주면서 청년들이 마음 편하게 공부하고 구직활동을 할 수 있도록 도와주는 동시에 금융 기관에도 도움을 주었다. 미국에서 18세 이상의 청년들이 조기에 경제적으로 자립하는 경우가 많은 것은 제도적으로 금융 시스템이 잘 갖춰져 있기 때문이다.

미국에서는 현재 인적 자원을 중심으로 한 국가 개발 전략에 힘을 쏟고 있다. 그래서 위와 같이 휴먼 캐피털을 양성하고 발전시키기 위한 제도적인 시스템이 잘 갖추어져 있고 앞으로도 그 분야로 끊임없는 투자와 지원을 아끼지 않을 전망이어서 휴먼 캐피털 전문가의 직업 전망이 밝다.

이처럼 휴먼 캐피털 전문가란 인적 자원을 발전시키기 위해 다방면으로 일하는 사람을 말한다.

물적 자원이 부족한 우리나라 역시 인적 자원에 대한 투자가 국가와 개인 성장의 핵심 동력이라 할 수 있다. 우리는 특히 미국의 인적 자원 개발 전략을 중점적으로 관찰할 필요가 있다.

지금 우리나라에서도 대학생을 대상으로 한 휴먼 캐피털 제도가 논의 중이다. 그 목적은 등록금을 정부가 대신 내 주고 졸업 후 일정한 기간이 지난 후 취직해서 일정 연봉 이상의 소득자가 되는 청년들이 대출받은 것을 갚게 한다는 데 있다.

한때 유럽에서 일부 국가가 이런 제도를 검토해 시행한 적이 있다. 하지만 이런 제도는 취지는 좋지만 자칫 정부의 재정에 부담이 될 수 있는 정책 리스크를 지닌 정책방향이기 때문에 충분한 논의와 검토가 필요하다.

직업만족도 : ★★★

소득 수준 : ★★★

미래 전망도 : ★★★

핵심 능력 : 인재의 역량 분석 및 판단

관련 학과 : 경영학과

도움이 되는 과목 : 인사론, 금융학

관련 진출 분야 : 금융 회사

관련 자격증 : 호텔 행정 자격증(Hotel Admin.Licence)

하나의 기준은 그것이 변화를 수반하는 경우에 영향력을 발휘한다. 그것이 제도인 경우 그 영향력의 여파로 일자리가 창출되기도 한다. 공인회계사의 경우도 마찬가지다. 국제회계 기준이 한국 재무회계 시장에도 적용되자 한국에서 미국 공인회계사 자격증을 보유한 사람들의 인기가 높아졌다. 다국적 기업이 많아지고, 많은 나라가 국제회계기준을 채택하는 경향이 강해지고 있기 때문이다.

미국 회계사의 직업 전망은 점차 밝아지고 있다. 미국 회계사는 기업의 재무 회계를 감사하고 기업의 회계에 대한 종합적인 자문을 해 준다. 많은 투자가가 기업의 재무제표를 보거나 감사보고서를 보고 나서 투자를 결정하는데, 투자는 항상 리스크를 안고 진행되기 때문에 감사보고서가 매주 중요하다. 그래서 무엇보다 투명하고 공정해야 한다.

회계사는 자신의 이름을 걸고 재무 회계의 결과물을 내놓아야 하기 때문에 무엇보다도 진실해야 하고 객관적인 평가를 내려야 한다. 따라서 이 직업은 공사를 분명히 구분할 줄 아는 객관적인 성향의 인재들에게 적합하다.

한국과 미국의 자격증 두 가지를 모두 지닌 사람은 국내 기업, 외국 기업을 모두 감사할 수 있는 자격 조건이 되기 때문에 경쟁력이 있다. 따라서 한국 공인회계사 자격시험으로 한국 자격증을 취득한 다음 미국 회계사 자격증을 취득하는 것이 좋다.

공인회계사 자격증을 따고 회계법인에 속해 일하는 경우, 정해진 규정에 따라 연봉을 정하는데 초임이 높은 편이다. 하지만 상승 속도가 빠른 편은 아니다. 그래서 회계법인에 속해 있는 공인회계사들은 자신의 연봉을 높이기 위해 경력을 다양하게 갖춘 후에 다른 회계법인으로 더 높은 연봉을 받고 이직을 한다. 이런 과정을 거치면서 우수한 회계사라는 명성을 얻고 더 높은 연봉을 찾아서 커리어 체인지를 하는 사례가 늘어나고 있다. 이런 경우에 맨 처음 어느 회계법인에서 일했는지의 경력이 상당히 중요하게 작용한다. 딜로이트 안진 회계법인, 언스트앤영(Ernst & Young), 삼정KPMG, 삼일PWC 등이 좋은 평가를 받고 있는 회계법인들이다.

그러나 자격증을 취득한 후 바로 개업하는 것은 바람직한 코스가 아니다. 회계를 의뢰하는 기업 측에서 브랜드가 있는 회계법인을 선호하는 경향이 강하고, 미리 계약을 맺고 일하는 경우가 많아서 벽이 높기 때문에 성공하기가 어렵다. 어느 정도 나이가 든 후에는 마음 맞는 선·후배 동료들과 적당한 규모의 회계법인을 조직해서 오너로 일하는 것도 괜찮다.

재무학과, 경영학과, 회계학과에 진학해서 재무설계, 회계학, 감사, 국제금융, 재정학, 재무제표 등을 학습해 두면 이 분야의 자격증을 취득하고, 이 분야에서 일하는 데 유리하다. 일반회계, 재무회계의 특징과 개념, 발전 방안에 대한 학습을 하는 것도 좋은 준비가 될 것이다.

직업만족도 : ★★★
소득 수준 : ★★★
미래 전망도 : ★★★★
핵심 능력 : 회계 능력
관련 학과 : 회계학과
도움이 되는 과목 : 재무론, 회계학
관련 진출 분야 : 감사, 회계
관련 자격증 : 미국 공인회계사
정보를 얻을 수 있는 홈페이지나 기관 : 주한 미국 대사관(02-397-4114)

리콜이란 소비자 보호 제도의 하나로, 시장에 유통되고 있는 제품이 소비자의 생명·신체 또는 재산상의 안전에 문제를 일으키거나 그럴 우려가 있는 결함이 발견된 경우에 제조업체가 무상으로 제품을 회수해 수리하거나 환불해 주는 제도다.

리콜 담당 전문가는 리콜 대상 물건이 나왔을 때 이를 조사하고, 다루는 일을 한다. 리콜을 하면 생산자가 소비자에게 결함을 보상하고, 물건 사용과 관련한 손해 배상을 해 줘야 한다. 이는 결코 단순한 문제가 아니기 때문에 리콜 담당 전문가는 문제를 직접 적시하고 해결해야 한다.

사실 불량품을 리콜하는 것은 소비자의 정당한 권리지만 소비자보다 기업의 목소리가 큰 나라에서는 일반적으로 리콜이 잘 이루어지지 않는다. 미국에서는 자동차나 식·의료품, 생활 공산품 중에 불량품이 나왔을 경우 항상 리콜을 해 준다. 미국의 소비자들이 자신의 권리를 올바르게 행사하고 있는 것이다.

미국에서 리콜 담당 전문가는 조용히 인기를 얻고 있다. 자신만을 위해 일하는 것이 아니라 모두를 위해 일하기 때문에 자부심을 느끼면서 일할 수 있으며, 미국에서는 소비자의 힘이 강해서 할 일이 많다.

우리나라에서는 자동차의 배출가스가 공기를 오염시킬 정도의 수치를 초과할 경우에만 리콜을 하게 되어 있다. 그런데 그것을 증명하는 일은 쉽지 않다. 하지만 미국도 1966년에 만들어진 도로 및 자동차 안전법이 리콜의 근거가 된 것처럼, 이런 제도를 통해 공익을 지키고 더불어 소비자의 권리도 찾을 수 있게 되는 첫발을 내딛었다고 할 수 있다.

| | |
|---|---|
| 직업만족도 : ★★★ | |
| 소득 수준 : ★★★ | |
| 미래 전망도 : ★★★ | |
| 핵심 능력 : 문제 발견 능력, 민법 지식, 민사 소송법 지식 | |
| 관련 학과 : 소비자학과, 소비자경제학과 | |
| 도움이 되는 과목 : 상법, 소비자 인권 | |
| 관련 진출 분야 : 교통부, 기업의 리콜 담당 팀장 | |
| 관련 자격증 : 사회 조사 분석 자격증 | |

지금까지는 식량이 부족해서 어려움을 겪는 나라가 그렇게 많지 않았지만, 식량 위기는 기후의 변화에 영향을 받아 생겨날 것이다. 폭염이나 홍수, 가뭄 등의 자연재해로 수확량이 줄어들어 식량 부족으로 기근에 시달리는 사람들이 생겨날 수도 있다는 말이다.

실제로 2012년 미국에서는 폭염으로 인해 옥수수 밭의 30퍼센트가 말라 버리는 상황이 발생했다. 그로 인해 미국의 밀가루 값이 오름에 따라 세계적으로 밀가루 값이 오르고 곡물 가격이 상승하는 데 영향을 미쳤다. 또한 최근 40도를 넘나드는 더위를 수반한 폭염으로 인해 농작물의 수확량이 줄어들어 식량이 부족해지고, 농산물 값이 폭등하는 에그플레이션이 올 것으로 전망하는 사람이 많다. 일부 나라에서는 돈을 갖고도 필요한 식량을 구하지 못할 가능성이 커질 것이라는 전망도 생겨나고 있다. 식량의 자급률이 26퍼센트밖에 되지 않는 한국도 예외는 아니다. 이런 점을 생각한다면 식량 딜러는 식량의 중요성을 인식하고 안보 의식을 갖고 일해야 한다.

식량 안보 의식이란 자국민을 위한 식량은 충분히 확보되어야 하고, 그것은 국민의 안보와 연결되는 일이라는 점을 인식하는 것이다. 앞으로 언제 식량 부족 사태가 일어날지 모르는 현대 사회에서 누구나 가져야 할 덕목이라고 생각한다.

미국, 중국, 일본은 일찌감치 이런 사실을 간파했다. 식량 안보 의식을 강하게 가진 일본은 해외에서 자국으로 쌀을 수입하고자 하는 경우 그 거래에 높은 관세를 부과해 국가적인 차원에서 자국의 농업을 제도적으로 보호하고 있다. 관련 정부 부서에서 일하는 이들은 공직자로서 자국의 식량 안보 의식이 투철하다. 그렇다고 이들이 모두 곧바로 맹목적인 애국주의 직업의식을 지닌 일본의 국제 식량 딜러로 일하는 것은 아니다. 하지만 자국의 식량 안보 의식을 정책에 세세히 반영하고 자국민의 식량 안보 의식을 고양하는 부분에서 강한 카리스마를 보여 준다.

앞으로 식량은 국부 순위를 결정하는 중요한 기준이 될 것이다. 미래에는 식량 강국이 경제 강국으로 떠오르게 될 것이다. 식량을 손쉽게 구하는 능력을 지닌 인재가 많은 나라가 식량 강국이고 경제 강국이라는 말이다. 아무리 공산품이 많아도 식량을 구하지 못한다면 무슨 소용이겠는가. 성공적인 식량 조달 시스템을 갖추지 못한 나라는 경제 강국의 대열에서 멀어질 것이다.

이런 현상이 가속화되면 식량을 사고파는 일을 하는 식량 국제 딜러는 할 일이 많아질 것이다. 국제 식량 딜러가 하는 일은 자국의 이익만을 추구하는 일은 아니지만 식량 안보 의식을 갖고 일한다면 자국에 큰 도움이 될 수 있다. 공적으로 일하는 공무원, 공사 직원 등은 물론이고 사적으로 일하는 기업체 직원 등도 식량 안보 의식을 갖고 일하는 것이 좋다. 식량 안보 의식이 맹목적

142

애국주의에서 비롯된 것이든, 사려 깊은 애국주의에서 비롯된 것이든 자기 민족을 사랑하는 가치 있는 일임에는 틀림없다.

헝가리에서 국제 식량 딜러는 유망 직업으로 각광받을 것이다. 국가적인 차원에서 인프라를 구축하면서 관련 직업의 수요가 늘어날 것이고, 자국민의 식량 안보에 도움을 주는 공적인 일이라는 자부심도 직업의 성취도를 높여 줄 것이다.

자기 민족을 사랑하고 외국어를 잘하는 사람이라면 국제 식량 딜러에 도전해 볼 만하다.

직업만족도 : ★★★
소득 수준 : ★★★
미래 전망도 : ★★★
핵심 능력 : 농업 경제, 유통, 식량에 대한 지식, 외국어 능력, 세일즈 능력
관련 학과 : 농업 경제학과
도움이 되는 과목 : 기후학, 식량학
관련 진출 분야 : 식량 유통 회사
관련 자격증 : 미국 선물 거래 자격증
지원하는 방법 : 미국의 카길 컴퍼니 등에 직접 지원
정보를 얻을 수 있는 홈페이지나 기관 : FAO 세계 농업 기구

## 헝가리의 국제 식품유통 전문가

　식량이 부족한 곳에 원가로 식량을 제공하면서 관련 사업을 하는 사람을 국제 식품유통 전문가라고 한다. 헝가리는 평야가 적어서 총 인구가 약 990만여 명 정도로 1000만이 넘지 못하는데도 식품이 부족하다. 그래서 국제 식품유통 전문가는 헝가리 사람들이 손에 꼽는 유망 직업이다. 한국의 식품회사인 삼양사가 식품 유통을 위해 이곳에 진출해 있기 때문에 한국 사람도 도전해 볼 만한 직업이다.

직업만족도 : ★★★★
소득 수준 : ★★★★
미래 전망도 : ★★★
핵심 능력 : 식품 유통 능력
관련 학과 : 식품학과, 식품공학과
도움이 되는 과목 : 생물학, 유통론
관련 진출 분야 : 식품 연구원
관련 자격증 : 식품 기사
지원하는 방법 : 정기공채에 응시

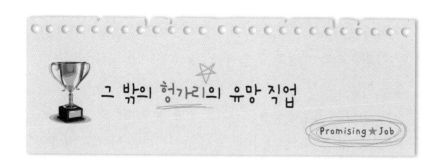

그 밖의 헝가리의 유망 직업

Promising ★ Job

### 타이어 제조 엔지니어

한국 타이어가 타이어 제조 공장을 헝가리에 만들었다. 한국의 타이어 기술을 헝가리에 수출하려는 목적에서 시작된 일이다. 타이어 제조 엔지니어는 업무의 독립성이 높아서 이 나라에서 유망 직업이 될 것이다.

### 민속춤 안무가

민속춤 안무가는 민속춤을 보존하는 것이 주요한 임무이기는 하지만 춤에 대한 연구를 하면서 민속춤을 만들기도 한다. 헝가리 식당에서는 손님들이 민속춤을 보면서 음식을 먹을 수 있도록 서비스를 제공할 정도로 민속춤의 인기가 높기 때문에 유망 직업이다.

### 미술품 큐레이터

외세의 침략으로 오랜 세월 괴롭힘을 당한 헝가리는 슬픈 역사를 가진 나라다. 국립 갤러리에는 이런 아픔의 고통이 담겨 있는 작품이 많다. 미술품 큐레이터는 갤러리에 미술품을 감상하러 오는 이들을 위해 미술품의 제작 특징, 작가의 경향 등을 설명해 준다. 국립 갤러리가 꾸준한 인기를 얻고 있기 때문에 미술품 큐레이터도 유망 직업이다. 이런 직업을 가지려면 사학과, 고미술학과에서 공부하는 것이 좋다. 항상 역사를 생각하면서 미술품을 감상하는 습관을 키우다 보면 미술품 큐레이터가 되는 데 유리하다.

### 건축가

헝가리에는 훌륭한 건축물이 매우 많다. 그중 주변의 다른 나라 의사당과는 많은 차이가 있는 헝가리 의사당은 가장 멋진 건축물로 손꼽힌다. 헝가리의 또 다른 유명 건축물인 마차시 성당은 대리석 건물로 왕의 대관식과 결혼식을 거행하던 곳이다. 1470년 마치왕의 명령으로 88미터의 뾰쪽한 탑을 증축하면서 왕의 이름을 붙였는데, 화려하게 채색된 모자이크 지붕과 섬세한 조각의 외관이 눈여겨볼 만하다. 이렇게 건축이 발달한 헝가리에서 건축가는 자연스럽게 유망 직업이 되었다. 건축은 앞으로도 끊임없이 지속될 것이다. 건축학과에서 공부하면서 외국어 능력을 키워 놓는다면 다국적 건축 기업에 입사하는 기회도 잡을 수 있을 것이다.

## 가교디자이너

도나우 강이 지나는 나라 중에서 교량건축이 큰 호평을 받는 나라가 바로 헝가리다. 헝가리 사람들은 안정성과 쾌적성을 중시하고 대학에서는 가교 짓는 시뮬레이션을 할 정도로 가교 건축에 관심이 높다. 강 사이엔 가교가 많아서 가교디자이너의 수요가 늘어날 것이다. 그래서 가교디자이너는 헝가리에서 유망 직업이다.

스리랑카는 남아시아 인도의 남쪽 인도양에 있는 섬나라로, 우리나라의 약 33퍼센트에 해당하는 면적에 인구는 2100만여 명이 넘는다. 인구의 약 70퍼센트가 불교를 믿고 있다. 스리랑카는 어디에서나 불교 음악이 흘러나올 정도로 불교에 대한 관심이 높고 믿음이 깊다. 이러한 종교적인 이유로 소고기나 돼지고기보다는 물고기를 즐겨 먹기 때문에 낚시문화가 발달했다.

또한 스리랑카는 현대와 고대 문화가 함께 공존하는 나라다. 첨단 빌딩이 존재하고 동시에 선사시대부터 스리랑카에 거주했던 베다족 약 2000여 명이 아직도 밀림지역에서 전통 방식으로 수렵과 채집을 하며 원시문화를 이어가고 있다. 스리랑카에서는 주로 미끼 없이 고기를 잡는 기술인 스틸피싱으로 고기를 잡는다. 물고기의 수요가 많고 미끼보다는 도구를 이용한 낚시를 많이 하기 때문에 낚시도구 제작 및 판매업자가 유망 직업이다.

낚시도구 제작 및 판매업자는 말 그대로 낚시에 필요한 도구를 만들고 판매하는 일을 한다. 좋은 도구를 만들기 위해서는 직접 낚시터에 나가 낚시인들의 최근 취향을 파악해야 한다. 낚시를 좋아하는 사람이라면 도전해 볼 만하다.

직업만족도 : ★★★
소득 수준 : ★★
미래 전망도 : ★★
핵심 능력 : 손가락 협응력
관련 학과 : 기계공학과
도움이 되는 과목 : 재료학, 신소재학
지원하는 방법 : 제조업 중에서 낚시 관련 회사에 생산직으로 응시
정보를 얻을 수 있는 홈페이지나 기관 : 주스리랑카 대한민국 대사관
(lka.mofa.go.kr)

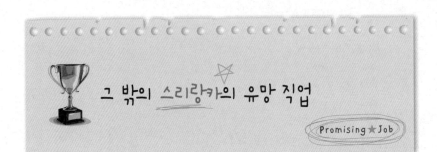

그 밖의 스리랑카의 유망 직업

Promising★Job

## 항만도시 기획가

스리랑카의 수도인 콜롬보는 현재 항만도시로 탈바꿈하고 있다. 그래서 항만도시 기획가는 이 나라에서 인기직업이다. 해외 기업들에 항만도시 건설과 관련된 수주를 많이 하기 때문에 할 일이 많다. 우리나라의 현대건설이 스리랑카에 진출해 6킬로미터 방파제 공사를 한 적이 있어 한국인이 진출하는 데도 큰 어려움이 없을 것이다.

## 관광가이드

스리랑카에는 여러 유적지를 비롯한 볼거리가 많다. 그중에서 시기리야 록이라는 큰 바위가 유명한데, 카사파 1세가 아버지를 죽이고 부정한 방법으로 왕위를 찬탈한 후 왕국을 세운 곳이 바로 시기리야 록이다. 하지만 결국 동생에게 다시 침략당하고 '부정한 방법으로 하는 일은 흥하기 어렵다'는 교훈을 남겼다. 시기리야 록을 비롯한 여러 유적지를 보기 위해 매년 많은 관광객이 방문하고 있다. 그래서 관광가이드는 이 나라에서 유망 직업이다.

### 차 전문판매점 주인

스리랑카 사람들은 홍차를 재배한 후 찻잎을 따서 차를 만든다. 대부분의 여성이 수작업으로 일하기 때문에 차 맛이 특히 좋다. 차 전문판매점 주인은 이렇게 생산된 차들을 모아서 판매하는 일을 한다. 스리랑카에서 돈을 잘 버는 직업 중의 하나로 꼽히는 유망 직업이다.

### 불교학교 교사

다른 사람들에게 불교적인 가르침을 주는 사람을 불교학교 교사라고 한다. 아무나 불교학교 교사가 될 수 있는 것은 아니지만 이 나라의 인기 직업이다.

### 민속 공예가

민속 공예 작품을 만드는 사람을 민속 공예가라 한다. 이들은 인간을 평화롭게 하고, 고통에서 벗어나게 하는 힘을 지닌 다양한 탈을 만든다. 이 탈은 해외에서 온 관광객에게 인기가 많아 판매 수익금이 높은 편이므로 유망 직업이다.

## 보석 디자이너

스리랑카에는 원석 채굴지가 많은데, 그중에서도 사파이어가 유명하다. 원석이 풍부해 다양한 보석디자인이 가능하고 보석 수출을 많이 하기 때문에 스리랑카에서 보석 디자이너는 유망 직업이다.

사우디아라비아는 자원이 풍부해 그와 관련된 분야의 직업이 발달했다. 자원 관련 학과에서 공부한 인재라면 사우디아라비아의 직업시장에서 인기를 얻을 수 있다. 자원과 관련된 직업 중에서도 특히 석유 딜러가 가장 일하기 좋은 나라로 사우디아라비아를 꼽을 수 있다. 이곳은 항상 자원 강국의 입장에서 외교를 한다. 물론 석유를 사고파는 일을 하는 석유 딜러들이 항상 유리한 입장에서만 일하는 것은 아니다. 이 직업은 국제 유가시장의 동향을 알아야 하고, 국제 유가의 변동이 시장에 어떤 영향을 미치는지를 항상 주시하면서 일해야 한다. 석유 딜러가 되기 위해서는 우선 외국어를 잘하고, 국제 석유 회사들의 동향도 동시에 고려해서 일할 수 있는 능력을 키워야 한다.

석유자원론, 화학공학을 공부하는 것이 석유 딜러가 되는 데 유리하다. 그러나 영어를 잘하면 전공이 반드시 화공과일 필요는 없다. 외국어 역량과 협상 과정에 개입해서 이익을 조정하면서 일하는 능력이 가장 크게 요구되기 때문이다. 또한 정보를 종합적으로 파악하고 다루는 능력도 있어야 하며, 국제 석유 시장에서 어떤 현상이 파생하는지에 대해서도 주시하면서 그 흐름을 읽어야 한다.

글로벌 석유 시장 분석에 대한 리포트를 석유 애널리스트들이 완성하면 그것을 구매해서 보는 일도 매우 중요하다. 석유의 가격 변동을 미리 예상하는 것 또한 이 직업의 핵심 업무다. 석유 딜러들은 정유사의 직원으로 일하기도 하지만, 별도의 석유유통 조직에서 일하는 경우도 많다.

연봉이 높은 직업이긴 하지만, 다루는 금액이 큰 만큼 하는 일이 복잡한 편이다. 석유를 사고파는 과정에서 이익을 보기도 하지만 손해를 보기도 하기 때문에 이 일을 하면서 받는 심리적인 스트레스도 결코 만만치 않다.

석유 딜러 중에는 한 나라에 정착해서 일하지 않는 사람도 많은데, 그들은 다양한 국가의 석유시장을 찾아다니면서 일한다. 또한 국제경제 정세에 민감하게 반응하면서 일하는 직업이므로 화학이나 화학공학을 전공하면서 글로벌 MBA에 입학해 공부하는 것도 국제 석유 딜러가 될 수 있는 좋은 방법 중의 하나다.

미국 선물거래위원회에서 주관하는 선물거래사 자격증을 취득하는 것도 이 분야로 가는 데 좋은 준비가 될 수 있다.

| | |
|---|---|
| 직업만족도 : ★★★★ | |
| 소득 수준 : ★★★ | |
| 미래 전망도 : ★★★ | |
| 핵심 능력 : 영어회화, 외교력 | |
| 관련 학과 : 에너지학과, 화학과, 화공학과 | |
| 도움이 되는 과목 : 화학, 화학공학, 에너지학, 정유론, 국제 마케팅 | |
| 관련 진출 분야 : 에너지 자원 딜러 | |

| | |
|---|---|
| 관련 자격증 : 미국에서 시행되는 선물거래중개사 자격증(영어로 시험) | |
| 지원하는 방법 : 수시로 접수 | |
| 정보를 얻을 수 있는 홈페이지나 기관 : 주사우디아라비아 대한민국 대사관 | |

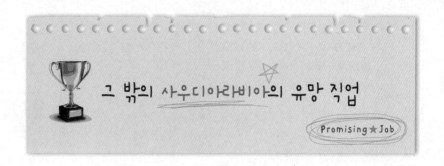

그 밖의 사우디아라비아의 유망 직업

Promising ★ Job

## 화력발전소 엔지니어

사우디아라비아에서 화력발전소 엔지니어는 유망 직업으로 자리를 확고히 하게 될 것이다. 이와 관련해서 지난 2011년 5월, 두산 중공업은 사우디아라비아의 제다지역 북쪽에 건축하는 마라픽 얀부 2 화력발전소 공사를 수주했다. 이처럼 사우디아라비아 정부가 현재 관련 인프라를 활발히 구축하고 있다. 이 공사는 3700억 원의 규모로, 발전 설비 시스템 건축을 통해 많은 일자리를 창출해 냈다.

## 가스플랜트 전문가

현재 사우디아라비아에서 가스 이용을 가능하게 하는 기술적인 일들을 하는 가스플랜트 전문가의 영역이 확대되고 있다. 이들은 인프라가 튼튼한 사우디아라비아의 경제구조를 구축해 갈 것이다.

그림으로 장식된 건물이 많으며, 바르샤바 구시가지를 복원해 세계문화유산이 되게 한 나라. 숲이 우거지고, 수영하기 좋은 호수들이 이곳저곳 자리하고 있는 나라. 그리고 호숫가를 거닐며 쇼팽의 음악을 들으면서 생각에 잠기기에 좋은 나라. 그곳은 바로 폴란드다.

자국에 대한 애정과 음악에 대한 열정이 강했던 작곡가 쇼팽의 조국이 바로 폴란드다. 한때 이곳에서는 쇼팽과 같은 작곡가가 선망의 대상이었던 시절이 있었다. 하지만 지금은 골동품 딜러가 유망 직업으로 꼽힌다. 거래가 활발히 이루어지고 있으며, 거래량도 꾸준히 증가하고 있기 때문이다. 골동품 딜러는 자국민뿐만 아니라 외국인과도 폴란드의 골동품을 거래한다. 외국어를 잘해야 하는 것은 기본이고, 골동품에 대한 안목도 높아야 한다.

직업만족도 : ★★★
소득 수준 : ★★★
미래 전망도 : ★★
핵심 능력 : 감정 능력, 협상력, 수출입에 대한 지식
관련 학과 : 소비자경제학과
도움이 되는 과목 : 상품론, 수출입론, 국제 경제학
관련 진출 분야 : 골동품 수출입 파트
관련 자격증 : 국제 무역사(한국에서 시행)
정보를 얻을 수 있는 홈페이지나 기관 : 무역 관련 회사

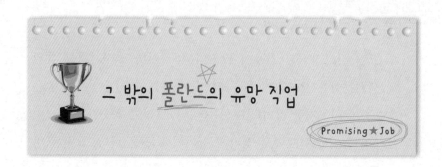

그 밖의 폴란드의 유망 직업

Promising ★ Job

### 전통음식 요리사

폴란드 사람들은 배를 갈아 만든 요리를 즐기며 치즈, 소시지, 감자를 많이 먹는다. 맛있고 전통에 어울리는 음식을 즐기는 폴란드에서는 전통음식 요리사가 인기도 얻고 돈도 버는 유망 직업이다.

### 연구원 및 엔지니어

루블린의 자동차 산업으로 인해 자동차 엔진 연구원이 유망 직업이 되었다. 또 섬유 엔지니어의 직업 전망이 밝다. 특히 폴란드 로지는 전통 섬유 도시로서 그 영광을 재현하고 있다.

### 과학자

우리가 잘 알고 있는 과학자인 코페르니쿠스, 라듐과 우라늄 발견으로 노벨상을 수상한 마리 퀴리 부인은 모두 폴란드의 과학자다. 폴란드의 과학자를 양성하기 위해 세워진 코페르니쿠스 과학센터에는 미래의 과학자를 꿈꾸는 많은 어린이가 공부하고 있다. 특히 여성 과학자는 폴란드에서 인기 있는 직업이다. 과학자의 수가 많지는 않지만 훌륭한 과학자 중에 여성이 많은 편이다.

## 복원 미술가

복원 미술가는 전쟁으로 훼손되거나 홍수로 상한 미술품을 다시 복원하는 작업을 하는 사람이다. 폴란드의 위대한 음악가 프레데리크 쇼팽의 심장이 묻혀 있는 곳으로 유명하며 화려하고 장엄한 분위기의 성 십자가 성당 또한 복원 미술가의 손을 빌려 나치에 의해서 훼손된 것이 다시 복원되었다. 복원 미술가는 집중력과 전문성을 요하는데, 많은 폴란드의 젊은이가 꿈꾸는 유망 직업으로 떠오르고 있다.

## 박물관 큐레이터

폴란드는 독일과 러시아 틈새에서 생존했다. 제2차 세계대전을 거치면서 독일인의 집중적인 공격을 받았고, 강대국은 폴란드를 지배하고 약탈했다. 바르샤바 역사박물관은 이런 폴란드의 아픈 역사가 담긴 곳이다. 제2차 세계대전의 아픔이 전시된 이곳은 1939년 당시 폴란드의 고통을 생생히 보여 준다. 그래서 폴란드 박물관에는 많은 외국인이 찾아오기 때문에 박물관 큐레이터는 폴란드에서 유망 직업이다. 사학과를 전공한 후 박물관의 큐레이터가 돼서 역사의 일부를 설명해 주는 것도 의미 깊은 일일 것이다.

### 미술품 딜러

본래 폴란드에는 미술품이 많았는데, 전쟁으로 수많은 미술품이 훼손되고 말았다. 하지만 미술품 딜러는 폴란드에서 여전히 유망 직업으로 꼽힌다. 미술품을 사고파는 이들은 고가의 거래를 하곤 한다.

골동품을 사서 모은 후 고가에 파는 일을 하는 사람이 바로 골동품점 경영자다. 중국은 명나라, 청나라, 당나라를 거치면서 무수한 골동품을 축적하고 있어 유적 유물이 유난히 많은 나라다. 소득이 향상되면 골동품을 찾는 소비자가 늘어나는 경우가 많다. 그러면 골동품 가게가 늘어나고 자연스럽게 유망 직업이 되는데 현재 중국은 무서운 속도로 경제가 성장하고 있어 골동품 시장도 빠르게 확대되고 있다. 그래서 골동품점 경영자가 유망 직업으로 떠오르고 있다.

골동품점을 경영하고 싶다면 물건을 보는 안목을 키워야 한다. 그래야 값이 나가는 골동품을 저가에 매수해 높은 값에 되팔 수 있다. 시대 고증이 가능할 정도의 지식을 갖추는 것도 필요하다. 골동품은 무엇보다 제작연도가 상당히 중요하다. 오래된 것일수록 가격을 더 높게 받을 수 있는 경우가 많기 때문이다. 그래서 골동품의 생성시기를 파악할 수 있어야 한다. 고려사, 복장사, 조선사를 연구하면서 유물에 대한 지식을 쌓는 일도 이런 분야의 직업을 얻는 데 유리하게 작용할 것이다.

또 한 가지, 골동품점 경영자에게 필요한 중요한 능력은 고객과 소통하는 기술이다. 다양한 골동품을 갖고 가게를 찾아오는 이들과 충분한 대화를 나눌 수 있어야 하기 때문에 골동품의 내력에 대해 많이 알고 있어야 한다. 정해진 표준 시세는 없지만 시세를 적당히 매겨 파는 법도 알아야 한다.

| | |
|---|---|
| 직업만족도 : ★★★★ | |
| 소득 수준 : ★★★ | |
| 미래 전망도 : ★★★ | |
| 핵심 능력 : 감정 능력, 소통 능력, 세일즈 능력 | |
| 관련 학과 : 소비자심리학과, 국제경영학과, 소비자경제학과 | |
| 도움이 되는 과목 : 경기변동론 | |
| 관련 진출 분야 : 전시 회사 | |
| 관련 자격증 : 전자 상거래 자격증 | |
| 정보를 얻을 수 있는 홈페이지나 기관 : 주중국 대한민국 대사관 | |
| 주한 중국 대사관 | |

바다를 정복하고자 하는 욕구가 강했던 나라. 마누엘 1세의 인정을 받아 70년에 걸친 인도항로 발견 대사업을 성취해 낸 바스쿠 다가마의 항해 등 신대륙 기념비가 존재하는 나라. 16세기 해양을 통해 지구촌을 지배하는 힘이 가장 강했던 나라가 바로 포르투갈이다.

포르투갈에서 유행하던 여인의 일곱 개의 치마에 대한 이야기가 있다. 포르투갈에는 거센 파도와 맞서 고기를 잡는 어부가 많은데, 어느 날 어부들이 고기를 잡기 위해서 바다로 떠났다. 어부의 아내들은 일곱 개의 치마를 겹쳐 입고 바다로 나간 남편을 기다렸다. 7일이 지나면 남편이 집으로 돌아온다고 생각했던 것이다. 하루가 지나면 치마 한 개를 벗고, 또 하루가 지나면 또 한 개의 치마를 벗으며 그렇게 7일간 치마를 벗으며 기다리면, 마지막 치마를 벗는 날 남편이 돌아온다는 것이다. 이런 이야기가 유행할 정도로 많은 사람이 어부라는 직업을 갖고 있지만 사실 포르투갈에서 어부는 유망 직업은 아니다.

유럽 이베리아 반도 서부에 위치한 나라인 포르투갈은 바다의 풍경이 매우 아름답기로 유명하다. 리스본이 수도가 된 후 많은 방문객이 리스본의 바다를 감상하며 감동을 받았다. 리스본 같은 미항(美港)이 국가 이미지를 고양하는 데 큰 역할을 한 것이다. 하지만 1755년 리스본에서 큰 지진이 나서 도시의 쇠락을 경험한 이후, 지진에 대한 관심이 높아져 지진 전문가가 유망 직업이 되었다. 지진 전문가는 지진 연구는 물론 어느 정도 높이의 건물 건축이 가능한지를 측정하기 위해 지질학, 토양학, 기후학 등을 배워야 한다. 포르투갈에서는 지진 연구가 활발하게 이루어지고 있어서 앞으로도 전망이 좋은 직업으로 손꼽힐 것으로 예상된다.

| | |
|---|---|
| 직업만족도 : ★★★ | |
| 소득 수준 : ★★★ | |
| 미래 전망도 : ★★★ | |
| 핵심 능력 : 지질 예측 | |
| 관련 학과 : 지질학과 | |
| 도움이 되는 과목 : 지질학, 지진학, 토양론 | |
| 관련 진출 분야 : 지질 연구소, 대형 건물 건축회사 | |
| 관련 자격증 : 지질 기술사 | |
| 지원하는 방법 : 공채 시 인터넷 접수 | |

## 그 밖의 포르투갈의 유망 직업

Promising ★ Job

### 축구선수

포르투갈에서는 축구선수가 유망 직업이다. 맨유의 나니, 피구, 호날두도 모두 이곳 출신이다. 호날두는 시골마을에서 낡은 공을 차며 킥과 패스 연습을 했다고 한다. 결국 그는 축구를 하기 위해 도시로 나왔고 큰 성공을 거두었으며, 호날두처럼 되기를 희망하는 아이가 많다.

### 신용평가 전문가

포르투갈은 재정을 너무 방만하게 운영한 탓으로 2011년 IMF 구제자금을 받았다. 이런 방만한 운영은 포르투갈에 큰 부채를 남겼지만, 이로 인해 신용을 평가하는 신용평가 전문가라는 직업이 크게 성장했다. 이는 포르투갈에서 신용평가산업이 아직은 초기 단계라는 사실을 보여 준다.

## 항해사

바다를 정복하고 싶은 욕망이 생기게 하는 이곳에서 항해사는 여전히 유망 직업에 속한다. 항해사들은 바다와 가까운 항구 도시에서 고기를 잡기 위해 먼 바다로 나아간다. 그래서 항해사들은 시민에게 특별한 대접을 받는다. 항해사가 되기 위해서는 바다를 항해하기 위해 바닷길을 알아야 하고 바닷속의 암초를 미리 파악해 이런 것을 피하면서 항해하는 기술을 익혀야 한다.

## 카페 경영자

포르투갈은 예술이 발달한 나라답게 카페가 많다. 카페는 바닷가에 많은데, 밤늦게까지 영업을 하면서 많은 사람이 이야기를 나누며 소통할 수 있도록 공간을 제공해 준다. 카페 이용자가 많아서 많은 돈을 벌기 때문에 카페 경영자는 포르투갈에서 유망 직업이다.

## 전차 운전사

포르투갈의 수도인 리스본에서 가 볼 만한 곳으로 성 빈센트 동상이 서 있는 '포루타스 두 솔 광장(Largo das Portas do Sol)'이 있다. 이곳에 가기 위해서는 전차 운전사가 운행하는 전차를 타는 것이 좋다. 전차 운전사는 인기직업은 아니지만, 그런대로 남에게 헌신하는 직업 중의 하나로 평가받고 있다.

## 파두 가수

파두 가수는 1950~1960년대부터 꾸준히 유망 직업으로 꼽히고 있다. 파두(Fado)는 포르투갈의 수도이자 항구도시인 리스본에서 탄생한 포르투갈의 전통 민속음악이다. '파두'란 운명 또는 숙명을 뜻하는 라틴어 '파툼(Fatum)'에서 유래된 말로 신의 뜻에 의해 운명이 정해져 있음을 뜻한다. 귀족을 사랑했지만 신분의 벽을 넘지 못한 서글픈 사연이 파두에 담겨 있다고 한다. 파두 가수의 음색은 특이해서 색다른 맛을 연출한다.

## 페스티벌 퍼레이드 기획자

1923년부터 시작한 토레스 베드라스 카니발은 포르투갈에서 이름난 페스티벌이다. 포르투갈에서 페스티벌 퍼레이드 기획자는 지위가 높은 직업이다.

원전은 1951년 미국에서 처음 문을 열었다. 그 뒤를 이어 1954년 소련 오브닌스크 시에 원전이 생겼으며, 앞으로 2030년이 되면 약 430기 이상의 원전이 문을 열 예정이다.

우리나라에서는 1982년에 원전이 돌아가기 시작했는데 아시아에서는 일본, 중국과 함께 핵분열 에너지를 전기 에너지로 전환해 사용할 수 있는 나라가 되었다.

1979년 쓰리마일 사건의 충격으로 원전 산업을 포기하다시피 했던 미국은 최근에 다시 원전 관련 인력을 키우는 쪽으로 정책을 펼치고 있다. 한국은 미국이 주춤했던 틈을 타 안전도나 설계 능력에서 많은 발전을 이루었고, 원전 설립과 기능 부분에서 국제 인증을 받아내며 2009년에는 UAE와 총 46조 원에 달하는 원전 수출 계약을 하기도 했다. 사실 원전 수출 사업은 한번 수주를 따내면 엄청난 이익을 남길 수 있는 큰 규모의 사업이므로 일본, 미국, 프랑스, 캐나다 등의 나라에서 한국이 시장에 진입하는 것을 막기도 했었다. 하지만 한국은 지금 그런 원전 강국들과 어깨를 나란히 하며 당당하게 경쟁하고 있다.

그러나 생각해 봐야 할 문제가 있다. 지금 우리나라는 전체 에너지의 30퍼센트 이상을 원전에서 나오는 에너지로 사용하고 있는데, 이는 다른 대체 에너지가 확보되지 않으면 큰 타격을 입을 만큼 높은 수치다. 또한 원전에서는 각종 방사능 물질이 유출되기 때문에 더욱 철저하게 관리되어야 한다.

요즘 일본에서는 노후된 원전 시스템과 불량품으로 시공한 원전 때문에 국민의 걱정이 날로 높아지고 있다. 그러나 다른 대체에너지를 찾을 때까지는 원전 에너지를 사용해야 하기 때문에 원전을 관리 감독하고 위험요소를 봉쇄해 줄 전문가가 필요하다. 특히 2011년 후쿠시마 원전 사고 이후 방사능 오염에 대한 일본 국민의 걱정과 불안감이 아직 많이 남아 있는 실정이어서 핵유출 측정 전문가의 역할이 클 수밖에 없다. 대체에너지를 찾아서 에너지 수요를 100퍼센트 채우지 못하는 한 일본의 핵유출 측정 전문가의 전망은 계속해서 밝을 것이다.

---

직업만족도 : ★★★
소득 수준 : ★★★
미래 전망도 : ★★★
핵심 능력 : 핵 측정
관련 학과 : 물리학과, 핵물리학과
도움이 되는 과목 : 핵물리학
관련 진출 분야 : 원자력 발전소, 원자력 연구소
관련 자격증 : 원자로 자격증
정보를 얻을 수 있는 홈페이지나 기관 : 원자력 문화 재단

---

　물을 관리하고 연구하는 일을 하는 전문가를 수자원 전문가라고 한다. 수자원 전문가는 전국의 강수량을 조사하고, 물의 특성을 분석하여 특징을 판별하는 일을 한다. 홍수가 났을 때에도 연구를 계속하고, 가뭄에도 연구를 멈추지 않는다. 중국에서 수자원 전문가는 전망이 밝은 직업이다. 인구가 14억인 중국에서 수자원의 확보와 유지는 중요한 국가적 프로젝트가 될 것이 분명하기 때문이다.

　우리나라의 경우 수자원 전문가가 되면 공무원이 되어 수자원 공사에서 일할 수 있다. 급여는 나라에서 정한 보수를 받는다. 또 자신의 지식을 기반으로 수자원을 연구하는 연구소를 세울 수도 있다. 나라나 기업의 수자원 연구 프로젝트를 자신의 연구소가 맡게 되고, 연구소의 최종 연구보고서가 통과되면 그 프로젝트의 일정 부분 이상은 연구소의 수입이 된다. 또한 농어촌 공사에서 일할 수도 있다. 아프리카 앙골라 지역에 필요한 농업 현대화사업 1단계공사를 한국 농어촌 공사가 담당해 양수장, 저수지를 건설했다. 이것은 수자원 전문가의 협력 덕분이다. 송수관로와 급수관로를 별도로 만들어서 수자원 문제를 다루는 일을 이들이 한다.

　연강수량으로 볼 때 우리나라는 비가 적게 내리는 편은 아니지만 폭우와 가뭄이 불규칙적으로 발생하기 때문에 수자원 관리

에 대한 관심이 높다. 현재 우리나라는 수자원의 17퍼센트 정도
만 보관하고 나머지는 흘려보내고 있는 실정이다. 한국의 시설이
이 정도밖에 안되나 하고 의아해하는 사람들이 많겠지만, 사실이
그렇다. 그래서 수자원을 과학적으로 관리하고 연구하는 수자원
전문가가 항상 필요하다.

지리적으로 인접해 있는 중국의 경우도 크게 다르지 않다. 더
욱이 중국은 국토가 넓어서 동시에 한 지역에는 홍수가 일어나
고, 다른 지역에는 가뭄이 들기도 해서 수자원에 대한 연구가 더
욱 중요시되고 있다. 수자원 전문가라는 직업에 관심이 있다면
중국 진출을 위해 중국어를 익혀두는 것도 커리어를 높이는 좋은
방법이 될 것이다.

또한 나일 강이 존재하는 이집트에서도 나일 강의 강수량, 강
주변의 수자원 환경을 연구하는 수자원 전문가는 알아주는 직업
이다. 세네갈에서도 수자원 전문가가 어떤 직업보다도 인기를 얻
고 있어 글로벌한 직업으로 성장할 것으로 전망된다.

수자원 전문가가 되기 위해서는 관찰력이 좋아야 한다. 그래야 자연 생태 여건을 잘 파악할 수 있기 때문이다. 자원을 다루기 때문에 세밀함이 요구되는 실험 등의 작업을 하기도 하고 물의 이용에 대한 아이디어를 내는 능력도 필요하다. 수자원 전문가는 현장 감각이 필요하다. 그러므로 현장에 가서 수시로 수로, 물 유통에 대한 감각을 키울 필요가 있다. 수자원의 여건은 기상 이변의 영향을 받는다. 그러므로 탐구의 자세로 기상 변화를 항상 주시하고 그에 대처해야 한다. 비나 눈이 오는 양과 시기를 분석하는 일도 수자원 전문가의 몫이다. 대학에서 토목 공학을 전공한 후 이쪽 분야에서 수자원을 다루는 일을 하는 것도 수자원 전문가가 되는 하나의 코스다.

**직업만족도** : ★★★★
**소득 수준** : ★★★
**미래 전망도** : ★★★★
**핵심 능력** : 수자원 관리 및 설계 기술, 물 처리 및 확보 기술
**관련 학과** : 수자원학과
**도움이 되는 과목** : 방재학
**관련 진출 분야** : 수자원 공사, 샘물 영업 제조 회사
**관련 자격증** : 수질 기사
**지원하는 방법** : 공채
**정보를 얻을 수 있는 홈페이지나 기관** :
　주한 일본 대사관(www.kr.emb-japan.go.jp, 02-2170-5200)

자원전문 외교관은 석탄이나 석유 등 자원을 사오기 위해 외국 정부나 외국 기업들과 협상을 하는 외교관을 말한다. 자원(資源)은 나라가 발전하기 위해서 꼭 필요한 것이기 때문에 이것이 부족하면 첨단 경제 국가가 되기 어렵다.

러시아의 광산에는 아직도 엄청난 자원이 남아 있다. 그래서 많은 나라가 러시아에서 자원을 수입하고 싶어 한다. 이때 중대한 역할을 하는 것이 자원전문 외교관이므로 이는 유망 직업 중의 하나로 꼽힌다. 우리나라 역시 첨단산업을 발전시키고 나아가 국가 전체의 발전을 위해서는 러시아의 자원을 확보하는 것이 매우 중요하다.

하지만 한국과 러시아 사이의 자원 외교 상황은 그다지 좋지 못한 편이다. 중국과 러시아가 '중·러 선린 친선 협조 조약'을 맺고 우호적인 관계를 지속하면서 지난 10년간 러시아의 많은 자원이 중국으로 흘러들어갔다. 부분적으로 협조는 이루어졌다고 하지만, 한국이 러시아의 풍부한 지하자원을 획득하는 데 상대적으로 어려움을 겪은 것이 지난 한·러 외교의 현실이다. 지난 2011년 6월, 중국의 후진타오 주석이 러시아를 방문해 러시아의 메드 베데프 대통령과 정상회담을 했다. 그 회담에서 2020년에 중국과 러시아 사이에 무역액수가 2,000억 불에 이를 것이라고 예견했다. 한국과 미국의 우호 못지않게 중국과 러시아의 외교전

선도 갈수록 돈독해질 전망인데, 그 이면에는 각국의 자원 확보 경쟁이 자리하고 있다.

현재 한국은 러시아의 희토류라 불리는 희귀광물 등의 자원을 수입하는 데 어려움을 겪고 있다. 이런 상태가 계속된다면 우리 경제는 더 이상 발전하지 못하고 한계에 부닥치게 될 것이다. 이런 문제를 해결하기 위해서라도 자원을 수출하고 수입하는 데 큰 역할을 하는 자원전문 외교관이 더 많이 필요하게 될 것이다. 우리도 한국의 자원전문 외교관을 정책적으로 양성해서 러시아에 파견하는 일이 시급하다. 그러므로 우리나라에 있는 자원학과를 정책적으로 더욱 지원하고 발전시켜서 자원전문 외교관을 길러 내도록 노력해야 한다.

2014년부터는 외무고시 제도 대신 국립외교원 제도로 대체되어 고급 외교관을 양성한다고 한다. 이는 단순히 정치적인 외교만을 위한 외국어를 잘하는 인재들을 채용하는 데만 그치는 것이 아니라, 국가적인 차원에서 국제자원외교에 대한 철학과 신념, 기술을 잠재적으로 지닌 확고한 국제자원 전문외교 인재를 양성하려는 의지가 담긴 정책이라고 볼 수 있다. 이들이 중심이 돼서 우리나라가 중국, 러시아, 미국 등의 쟁쟁한 선진국들과의 경쟁에서 보다 만족스러운 자원 외교를 이끌어 낼 수 있도록 장기적인 국가 인재정책을 수립하고 이를 발전시켜 가야 할 때다.

## 〈자원전문 외교관〉이 되기 위한 준비

자원전문 외교관이 되려면 자원의 특징에 대해 잘 알아야 한다. 석유의 가격이라든지 각 나라가 어떤 자원이 풍부하고 어떤 자원이 부족한지 등에 대한 정보에도 밝아야 한다. 또한 자원전문 외교관이 되고 싶다면 외국어는 필수다. 외국어를 잘하지 못한다면 이 분야와는 맞지 않다. 외교관이 되기 위해서는 제2외국어가 중요하며, 외국어 습득을 위해 학원에 다니며 공부하는 것도 좋은 방법이다.

대학에 들어갈 때 전공은 비교적 자유롭게 선택할 수 있다. 다만 자원에 대한 기본적인 이해가 있어야 한다. 그래서 자원론, 자원외교론, 광물자원학, 에너지학 등을 공부하면 이쪽 분야의 전문가로 나아가는 데 큰 도움이 될 것이다. 또한 외교론, 문화사. 세계 자원론 등에 대한 공부가 뒷받침되어야 한다. 자원 외교학을 전공한 후 외교관의 길을 가는 것도 좋은 방법이다.

직업만족도 : ★★★★
소득 수준 : ★★★
미래 전망도 : ★★★★
핵심 능력 : 에너지 교환 거래
관련 학과 : 자원학과
도움이 되는 과목 : 태양열, 자원 재생 에너지

| 관련 진출 분야 : 자원 담당 공무원 |
|---|
| 관련 자격증 : 에너지 기사 |
| 지원하는 방법 : 에너지 회사에 직접 지원 |
| 정보를 얻을 수 있는 홈페이지나 기관 : 주한 러시아 대사관(02-318-2116) |

# 기술 분야

세계 기술 분야의 직업을 알아보고 그에 맞는 기술을 습득해 세계로 진출하는 것도 좋은 취업 전략이 될 수 있다.

지구에서 가장 면적이 넓은 나라인 러시아는 극동에서부터 동부 유럽에 걸쳐 있던 12세기 모스크바공국에 기원을 두고 있다. 1917년 러시아 혁명이 일어날 때까지 대제국을 이루다 1924년 러시아 소비에트 사회주의 연방공화국으로 거듭났다. 1990년 고르바초프의 냉전종식 정책으로 각 공화국에 민족주의 분규가 일어나면서 1991년 12월 31일 소련이 해체되어 독립국가가 되었다.

국민국가를 주창하면서 민법 초안을 만들기도 한 나폴레옹은 러시아 정복에 성공할 것처럼 보였지만 추운 날씨를 극복하지 못해서 결국 실패했다. 엄청난 추위가 러시아를 감싸고 있었던 것이다. 나폴레옹처럼 러시아를 정복하기 위해 노력했지만 추위 때문에 성공하지 못한 경우가 많다. 우리가 잘 알고 있는 영화 〈닥터 지바고〉에서 보여 준 추위와의 투쟁은 영화 속의 이야기만이 아니다.

실제로 러시아의 날씨는 혹독할 정도로 춥다. 그런 추위 때문에 모스크바에는 새벽안개가 짙다. 낮은 기온이 안개를 만들어내기 때문이다. 이처럼 매서운 러시아의 추위는 러시아의 교통문화에도 큰 영향을 끼쳤다. 안개 때문에 아침 운전이 어려운 도로가 많아 열차산업이 발달하게 된 것이다. 그 덕분에 러시아에는 기차여행지가 많다. 매서운 추위 때문에 차량으로 여행하기 어려운 많은 러시아인이 내국에서 장시간 기차여행을 하면서 휴가를 즐기기도 한다. 이러한 상황으로 인해 열차기관사는 이 나라에서 가장 안정적인 직업 중의 하나가 되었다.

직업만족도 : ★★★★
소득 수준 : ★★
미래 전망도 : ★★★
핵심 능력 : 기차 운행 능력
관련 학과 : 철도학과
도움이 되는 과목 : 기차 운항론, 기차 기기론
관련 진출 분야 : 기차 기관사
관련 자격증 : 기차 기관사 자격증
정보를 얻을 수 있는 홈페이지나 기관 : 주한 러시아 대사관(02-318-2116)

## 그 밖의 러시아의 유망 직업

### 우주공학 연구원

러시아는 이 분야에서 세계 최고의 기술력을 자랑하는 나라
다. 가장 먼저 달에 위성을 발사하는 데 성공한 나라도 바로 구소
련이다. 그런 만큼 러시아에서는 우주공학 연구원이 유망한 직업
이다. 우주 산업 분야에서 세계 1, 2위를 다툴 정도로 기술이 발
달했고 국가적 관심도 크다. 러시아 공과대학 재학자 중에서 우
수한 인재들이 몰리는 학과 또한 우주공학과다.

### 숲 경영자

<모스크바는 울지 않는다>라는 영화를 보면 울창한 숲이 자
주 등장한다. 영화에서 보이는 것처럼 러시아에는 숲이 매우 많
다. 큰 나무도 많아서 자연 그대로의 모습이 생생하게 다가온다.
숲은 자연의 채취와 좋은 공기를 인류에게 선물하는 소중한 자원
이기 때문에 숲 경영자가 러시아의 유망 직업으로 부각되는 날이

올 것으로 전망된다.

## 수자원 전문가

레바 강의 범람은 러시아로서는 문젯거리다. 그래서 물과 홍수를 연구하고 평화적 이용을 위해서 노력하는 수자원 전문가는 앞으로 러시아에 더욱 필요한 직업이 될 것이다. 아마도 10년 후에는 수자원 전문가가 러시아의 유망 직업으로 성장할 것이다.

## (기독교)신부

48개의 화강암으로 만들어진 이삭성당을 보면 알 수 있듯이, 러시아는 기독교와 관련된 역사를 지니고 있으며 기독교인이 많은 나라다. 러시아에는 신부가 되고 싶어 하는 젊은이가 많다. 신부라는 직업이 비교적 안정적이어서 이상적으로 비춰지고 유망 직업이 된 것이다.

## 정보 첩보 전문가

1989년 러시아의 고르바초프가 '개혁과 개방 정책'을 천명한 이래로 러시아 외부에서는 1990년 10월 3일 독일이 통일을 이루었다. 그뿐만이 아니다. 1991년에는 구소련이 15개의 공화국으로 분리되었다. 놀라운 변화가 아닐 수 없다. 이 과정에서 러시아는 KGB(Komitet Gosudarstvennoy Bezopasnosti-소련의 국가안보위원회)에서 FSB(Federal Security Bureau-러시아 연방정보국)가 권력을 가진 기관이 된다. 이러한 권력기관의 변화 덕분에 정보 첩보 전문가들은 보다 나은 대우를 받으며 일할 수 있게 되었고, 유망 직업이 되었다.

축구 감독 거스 히딩크의 나라. 국토의 4분의 1이 해수면보다 낮은 땅을 가진 나라. 유럽의 많은 국가 중에서 일상의 다양함을 적극적으로 인정하는 나라. 바로 네덜란드다.

네덜란드의 대표적인 명물인 풍차는 현재 관광용으로만 남아 있지만, 풍차의 나라로 잘 알려진 네덜란드가 세계에서 강국이었던 시기는 17~18세기였다. 당시 네덜란드는 인도네시아, 스리랑카 등 많은 식민지를 가진 해양강국이었다. 하지만 네덜란드는 영국과 세 번의 전쟁을 겪으면서 그 후유증으로 내부적으로 쇠락하게 된다. 한때는 해양에서 힘을 발휘했던 역사 때문에 화물선의 선장이라는 직업이 인기를 얻기도 했다. 바다를 항해하면서 수출과 수입을 통해 돈을 벌었기 때문이다.

하지만 현재는 네덜란드에서 유망 직업으로 하우스보트 제작 기술자를 꼽는다. 네덜란드는 바다가 육지보다 높은 지역적인 특성 때문에 강에 떠다니는 집인 하우스보트가 명물로 떠오르고 있다. 물 위에 사는 것을 즐기는 사람이 많아지면서 하우스보트 제작 기술자의 수요가 많아진 것이다. 하우스보트 제작 기술자는 나무 등을 이용해 호수에 띄울 배를 만들어 내는 일을 하는데, 일반적인 배와는 다르기 때문에 특별한 기술과 감각이 필요하다.

직업만족도 : ★★★

소득 수준 : ★★

미래 전망도 : ★★

핵심 능력 : 보트구조설계 능력, 재료역학 지식

관련 학과 : 선박 공학과

도움이 되는 과목 : 선체구조설계학, 재료역학, 선박설계

관련 진출 분야 : 하우스보트 기술자

관련 자격증 : 유람선 기사

지원하는 방법 : 수시

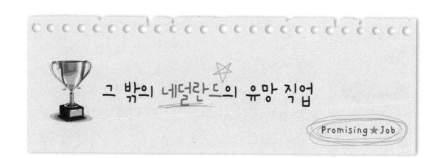

그 밖의 네덜란드의 유망 직업

Promising ★ Job

### 자전거 제조업자

네덜란드는 자연보호 운동이 철저한 편이다. 국민의 대부분이
환경을 생각해 자전거를 즐겨 타는데 총 인구 1600만 명 중에서
약 1200만 명이 자전거를 탄다. 자전거 인구가 많아서 자전거 제
조업자는 지속적으로 수익을 올릴 수 있다.

### 치즈 상점 운영자

낙농업이 발달한 네덜란드에서는 치즈 분야의 직업도 경쟁력
이 있다. 네덜란드의 치즈는 깊은 맛이 풍부하고 뒷맛이 좋다는
평가를 받고 있다.

### 나막신 디자이너

네덜란드의 특이한 직업으로 나막신 디자이너가 있다. 나무로
신발을 만들려면 상상력이 풍부해야 한다. 그래야 다양한 나막신

디자인이 가능하기 때문이다.

## 화훼 수출인

네덜란드는 꽃 수출이 많은 나라다. 튤립의 나라로 잘 알려진 네덜란드의 꽃은 유럽에서도 최고로 인정받는다. 그래서 꽃을 재배해서 수출하는 화훼 수출인이 일하기 편하고, 유망한 직업으로 꼽힌다.

## ⚕ 글로벌 스마트 선박 연구원

스마트 선박 연구원은 최첨단 부품을 이용해 배를 진화된 기술로 발전시켜 주고 선박에 전자적 기술을 도입해 배 전체에 적용시키도록 연구 개발하는 일을 하는 사람을 말한다. IT와 선박기술의 만남으로 만들어진 진화된 배인 스마트 선박은 첨단 전자기술로 스스로 고장 난 곳을 찾아내 중앙센터에 전송하고 자가 보수를 할 수 있다. 만약 선박이 고장 나면 각국에 기지를 두고 부품을 보유하고 있는 가장 가까운 도시에서 전달받아 수리가 이루어진다.

글로벌 스마트 선박 연구원의 직업 전망은 밝다. 아직은 스마트 선박의 수가 지구촌에 많지는 않지만 앞으로의 신규 선박은 이런 스마트 선박으로 발주될 것이다. 또한 전자기술의 발달로 스마트 선박이 더 많아지면서 선박 제어 기술, 선박 전자 기술, 선박 원격 항해 기술을 위한 연구가 더욱 진행될 것이다.

스마트 선박은 갖가지 전자 기술로 채워질 것이다. 이런 선박을 만들기 위해서는 정교한 융합 기술이 필요하다. 스마트 선박 연구원은 선박이 만들어지는 현장에서 보다 스마트한 기술력을 지닌 선박을 만들기 위한 아이디어를 내고 더 획기적이고 스마트한 선박을 만들기 위해 노력해야 한다.

스마트 선박 연구원의 보수는 회사의 규정에 따르지만 기본적으로 고액이다. 이들은 기술력을 연구하지만 하루 종일 연구실에

서 일하는 것이 아니라 선박 제조공정의 현장에도 자주 참관해야
한다.

## 〈글로벌 스마트 선박 연구원〉이 되기 위한 준비 TIP

대학에서 전자 공학을 전공하면서 선박 공학을 부전공으로 공부
하면 큰 도움이 될 것이다. 기술 지식이 절대적으로 필요한 직업
이기 때문에 선박 운송, 선박 기기론, 선박 기관, 선박 전기론을
공부하는 것이 이 분야로 가는 데 유리하다.

직업만족도 : ★★★
소득 수준 : ★★★
미래 전망도 : ★★★
핵심 능력 : 설계 및 시스템 기술, 공학 및 역학 응용 능력
관련 학과 : 선박 공학과
도움이 되는 과목 : 선박 공학
관련 진출 분야 : 요트, 선박 유람선 제조회사
관련 자격증 : 선박 기사

## ⚕ 에콰도르의 석유시추 기술자

전쟁의 고통을 적게 받고 성장한 대륙인 남미에 자리한 에콰도르는 잉카제국의 나라이자 남미의 중심 국가로, 해발 2850미터 위 높은 지대에 위치해서 산소가 부족하다. 하지만 자원이 풍부한 산유국이어서 원유가 많이 나온다. 원유가 많이 생산되지만 일부가 이익을 모두 가져가는 구조다. 그래서 일반 국민은 가난한 편이다.

석유시추 기술자는 원유 광구를 찾아내 석유 부존량을 알아내는 일을 한다. 식유시추 기술자가 이 나라에서 유망 직업인 이유는 간단하다. 원유 광구가 많기 때문이다. 에콰도르는 원유 광구 로드쇼를 하기도 하면서 석유 시추에 성공적인 전환점을 만들어내고 있다.

직업만족도 : ★★★★
소득 수준 : ★★★★★
미래 전망도 : ★★★★
핵심 능력 : 지구물리학, 석유공학 지식
관련 학과 : 화학공학과
도움이 되는 과목 : 지구물리학, 석유시추공학
관련 진출 분야 : 석유시추선 엔지니어
관련 자격증 : 석유시추 기술사

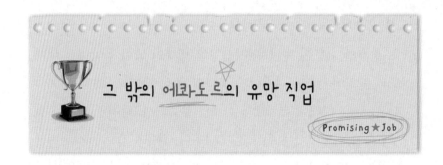

## 산소 가게 주인

해발 4000미터 이상인 에콰도르에서는 산소 소비자가 많다. 고도가 높은 산악지대일수록 산소가 부족하기 때문이다. 그래서 산소를 파는 산소 가게 주인은 이 나라에서 유망 직업이다.

## 관광가이드

볼거리가 풍부한 에콰도르에는 외국인 관광객이 많이 몰려든다. 15세기 잉카 시대 이전부터 존재한 신비한 나라이면서 스페인풍의 다양한 건물이 많아서 관광객의 호기심을 불러일으키기 때문이다.

산책을 하면서 여가를 즐기는 사람이 많은 코타카치 호수는 외국인 관광객의 발걸음을 멈추게 한다. 안데스 산악지대에도 외국인이 많이 온다. 전쟁의 영향이 적고 평화로운 에콰도르의 분위기에 반해 이 나라를 찾는 관광객은 계속해서 늘어날 것이다.

190

에콰도르는 인구가 많지는 않지만 외국인 관광객이 많이 방문해 관광 가이드의 수입은 향상되고 있기 때문에 이곳에서 유망 직업이 될 것이다.

## 요리사, 가수

에콰도르의 명소인 '라론다 골목'은 스페인풍의 골목이다. 저녁이면 스페인풍의 음악이 들리는 이곳에 스페인풍의 의상을 입은 젊은이들이 몰려든다. 이들은 어울려 남미 특유의 춤을 추거나 노래를 부르기도 하고, 밤새워 술도 마시고, 요리도 즐긴다. 이때 옥수수가 가미된 돼지고기 요리가 가장 인기가 많다. 그래서 돼지고기 요리사가 인기 직업이다. 더불어 라이브 가수도 인기가 많은 직업 중의 하나다.

## 풍력발전 엔지니어

에콰도르는 인구가 1400만으로 많은 편은 아니어서 자국 내의 에너지 소비가 크지는 않지만, 신재생 에너지인 풍력 발전에 많은 투자를 하고 있다. 그래서 풍력 발전 엔지니어가 유망 직업으로 떠오르고 있다.

## 민예품 제조업자

에콰도르의 유명한 재래시장인 '오타발로 토요시장'에서는 다른 곳과는 달리 인디오 시장이 열리는데, 원주민 인디오들이 만든 물건이 시장에서 좋은 평가를 받으면서 팔린다. 민예품을 구매하려는 외국 관광객이 지속적으로 증가하고 있어서 민예품 제조자의 직업 전망이 좋다. 공업이 덜 발달한 나라지만 상인들은 활발하게 활동하고 있다.

## 🎖 독일의 화학공학 기술자(Chemical Engineer)

　화학공학 기술자는 석유, 광물 등 천연자원을 이용해 생활에 필요한 화장품, 섬유, 고무, 플라스틱 등 각종 화학제품을 만드는 화학공정을 연구하거나, 거기에 필요한 장비를 설계하고 개발하는 일을 하는 사람을 말한다. 독일에는 바스프, 지멘스 등 굴지의 세계적인 반도체 회사가 많아서 화학공학 기술자가 유망 직업이다. 반도체를 만들기 위해서는 수많은 화학공학이 가미된 공정이 필요한데 이를 위해 화학공학 기술자가 많이 필요하기 때문이다. 독일의 탄탄한 기업에 입사하기만 한다면 좋은 조건으로 오래도록 안정적으로 일할 수 있을 것이다.

직업만족도 : ★★★★

소득 수준 : ★★★

미래 전망도 : ★★★★

핵심 능력 : 화학공학 지식, 연구 능력, 문제해결을 위한 창의력, 분석력, 판단력

관련 학과 : 에너지학과, 국제 무역학과

도움이 되는 과목 : 화학공학

관련 진출 분야 : 화학 플랜트, 반도체 회사

관련 자격증 : 화학 기사

정보를 얻을 수 있는 홈페이지나 기관 : 주한 독일 대사관(02-748-4114)

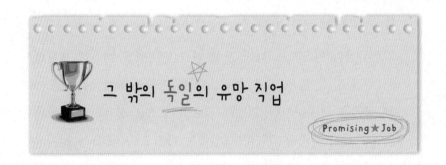

### 환경경영 컨설턴트

독일에는 환경 컨설턴트가 많다. 이들은 기업이 경영을 하는 과정에서 환경경영에 위배되는 일을 하지 않도록 관리하고, 환경 보호 상품을 만드는 일에 전력을 다하도록 이끌어 주는 일을 한다. 독일에서는 환경에 대한 관심이 매우 높기 때문에 환경산업 분야의 직업들이 유망하다. 그중 환경경영 컨설턴트가 주목받는 직업이다.

### 자동차 딜러

독일은 기계 산업이 발달한 나라다. 특히 정밀 기계 산업이 발달하면서 자동차 산업도 함께 발달했다. 벤츠라는 세계적인 명차가 탄생한 곳도 바로 독일이다. 이러한 환경에서 자동차 딜러는 가장 오래된 직업 중의 하나이자 유망한 직업이다.

## 축구선수

축구선수는 독일의 유망 직업이다. 독일의 프로축구 리그인 분데스리가에서는 외국인 선수도 많이 활약하고 있다. 분데스리가 소속 클럽인 바이에른 뮌헨 같은 명문 구단에 입단하면 고액의 연봉을 받고 경기를 뛸 수 있다. 미로슬라프 클로제 같은 선수가 되기는 힘들어도 글로벌 시장에서 탐내는 루카스 포돌스키 같은 수준의 선수가 되면 고액의 연봉을 받으면서 일하는 것이 가능하다.

## 클래식 보컬리스트

독일 사람들은 음악을 사랑한다. 바흐, 베토벤, 바그너, 브람스 등 우리가 잘 알고 있는 작곡가들이 모두 독일 출신이다. 그들 모두 왕과 백성의 지원을 얻어 음악활동을 했다. 지금도 많은 독일 사람이 음악을 즐기기 때문에 음악이벤트가 다수 열린다. 클래식 보컬리스트가 활동할 수 있는 공연이 많이 열리기 때문에 수입이 안정적인 유망 직업이다.

## 건축가

독일의 도시인 뮌헨에는 12세기에 세워진 멋진 건축물이 잘 보존되어 있다. 루트비히 2세가 1869년 착공해서 지은 '노인슈반슈타인 성'에 가 보면 긴 시간을 들여 자연의 경치와 조화롭게 만들어진 성의 아름다움을 느낄 수 있다. 이처럼 아름다운 건축물이 많은 독일에서 건축가는 인기 직업이다.

## 철강 엔지니어

19세기 비스마르크는 "일하라, 더욱 일하라, 끝까지 일하라"고 독려하면서 독일산업의 기초를 만들어 가는 데 크게 기여했다. 게르만 민족의 강대함을 염원하는 분위기 속에서 등장한 그의 철혈(鐵血)정책은 이후 독일을 제조강국으로 만들어 주었다. 독일은 철강산업이 발달했기 때문에 철강 엔지니어가 유망 직업이다.

# 학문과 교육 분야

학문에 뜻을 두고 있거나 남들을 가르치고 훈련시키는 데 적성이 맞는 사람이라면 평생직업으로 세계의 학문과 교육 분야의 직업에 도전해 보는 것도 바람직하다.

세계 역사가 시작된 문명의 젖줄인 나일 강가에 자리한 나라. 동서양의 문화가 만나는 나라. 피라미드가 유명한 나라. 바로 이집트다.

이집트에서는 지리적, 역사적인 이유로 수학이 매우 발달했다. 스핑크스를 만들면서 수학이 발달하게 되었고, 국토의 중심을 흐르는 나일 강이 범람해 피해를 주던 시절에는 이를 극복하기 위해서 수학적인 연구를 지속했다. 이런 환경 속에서 이집트는 수학과 기하학이 매우 발전하게 되었으며, 수학자가 이 나라에서 인기 직업 중의 하나가 되었다. 이집트의 수학자는 수학 원리를 연구하고 과학 발전에 수학이 기여하도록 학생들을 가르치는 일을 한다.

직업만족도 : ★★★★
소득 수준 : ★★★
미래 전망도 : ★★★★
핵심 능력 : 수학, 해석학 지식과 응용력
관련 학과 : 수학과, 통계학과
도움이 되는 과목 : 수학 개론, 대수학
관련 진출 분야 : 수학과 개설 대학
관련 자격증 : 자격증 없음
정보를 얻을 수 있는 홈페이지나 기관 : 주이집트 대한민국 대사관

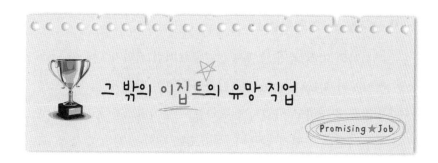

그 밖의 이집트의 유망 직업

Promising ★ Job

## 유람선 선장

이집트에서 나일 강이 갖는 의미는 매우 크다. 유람선 선장은 나일 강의 아름다움을 감상하며 배를 운전한다. 나일 강을 구경하면서 돈을 버는 것이다. 그래서 유람선 선장은 이집트에서 유망 직업이다.

## 싱가포르의 교육 컨설턴트

아시아의 여러 국가 중에서 싱가포르처럼 거리가 깨끗한 나라는 찾아보기 힘들다. 스마트한 나라라는 이미지가 강한 싱가포르는 청결을 강조하고 사업이 원활하게 이루어지도록 국가적인 차원에서 지원을 아끼지 않는다. 싱가포르 대학은 상당히 높은 교육수준을 가진 대학으로 평가받고 있으며, 많은 유학생이 찾아온다. 이런 특성 때문에 교육 컨설팅을 받으려는 사람이 늘어나 교육 컨설턴트가 유망 직업이 되었다.

---

직업만족도 : ★★★

소득 수준 : ★★★

미래 전망도 : ★★★

핵심 능력 : 교육정책론

관련 학과 : 교육학과

도움이 되는 과목 : 교육학 개론

관련 진출 분야 : 고등 교육 정책론, 고등 교육 정책 분야

정보를 얻을 수 있는 홈페이지나 기관 : 주한 싱가포르 대사관(02-774-2464)

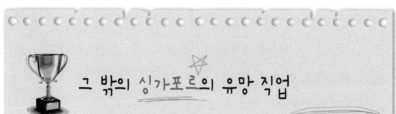

그 밖의 싱가포르의 유망 직업

Promising ★ Job

### 해산물 요리사

싱가포르에서 해산물 요리사는 유망 직업이다. 해산물을 요리하는 기술과 좋은 맛을 내는 데 탁월한 능력을 가진 사람이라면 고액의 연봉을 받고 호텔 요리부에 취직이 가능하다.

### 혼인등기소 직원

싱가포르의 결혼문화는 우리나라와는 많이 다르다. 혼인등기소 직원은 결혼식장에 와서 직접 신부와 신랑의 의사를 타진하는 일도 한다. 결혼식이 자주 있고, 하는 일이 많아서 싱가포르에서 인기 직업이다.

### 연꽃 장수와 등공예가

연꽃 장수는 싱가포르에서 주목받는 직업이다. 이들은 연꽃을 재배하고 판매한다. 더불어 등공예가도 유망 직업이다. 아랍권의 문화를 받아들여 번창시킨 것인데 섬세한 감각으로 만들어진 등 공예 작품은 시장에서 거래된다. 해외여행객이 많이 구매하는 관광용 상품으로 인기가 좋다.

### 새 조련사

싱가포르는 깨끗한 환경 조성에 국가적으로 많은 노력을 기울이고 있어서 새들이 살기에 최적의 조건을 갖고 있다. 싱가포르 서부의 주롱 언덕 서쪽 사면에 있는 야생 조류 공원인 주롱 새공원에 가면 600종 이상의 새들을 만나볼 수 있다.

요즘 싱가포르에서 각광받고 있는 직업인 새 조련사는 새에게 묘기와 말을 가르치고 훈련시키는 일을 한다. 새의 종류가 워낙 다양하기 때문에 새를 조련하는 일은 생각보다 어렵지만 수입이 좋은 편이어서 유망 직업이다.

### 대학 교수

싱가포르에서 다국적 대학들이 모여서 하나의 대학을 이루는 일이 많아지면서 이런 다국적 대학에서 학생들을 가르칠 기회가 늘어나고 있어 대학 교수가 유망 직업으로 떠오르고 있다.

### 금융 펀드매니저

싱가포르에는 중국에서 온 이민자가 많다. 그래서 중국에서 흘러들어온 자본도 꽤 많다. 이런 환경에 의해 금융 펀드매니저가 유망 직업이 되었다.

항상 깨끗한 환경을 만들고 각종 국제 대회나 행사 유치를 유도하는 국가 정책은 싱가포르를 지속적으로 발전시키며 국익을 창출하고 있다. 그래서 싱가포르의 공무원은 안정적이고 유망한 직업이다. 이들은 나라 안팎에서 비교적 청렴하다는 평가를 받는다.

바이킹이 세운 나라. 빈부 격차가 적은 나라. 환경이 깨끗한 나라. 인권이 바로 선 나라. 내적으로 강인한 국민성을 지녔지만 외적으로는 바이킹의 대활약 이후에 조용함을 견지하고 있는 나라. 바로 덴마크다.

덴마크의 수도인 코펜하겐에 가면 항구를 보호하기 위해서 1662년에 만든 카스텔레트 요새를 볼 수 있다. 카스텔레트 요새는 덴마크인이 치열한 정신을 가진 민족임을 알 수 있게 해 준다. 또한 덴마크에는 하루아침에 만들어진 건물보다는 100년에 걸쳐서 만든 작품이 많다. 그중의 하나가 바로 1794년에 시작해서 1894년에 완공한 바로크 양식의 건물인 '프레데릭스 교회'다. 100년에 걸쳐서 만든 만큼 견고하고 아름다운 건축물이다. 이 시기에는 건축가가 유망 직업이었다. 그러나 이제는 건축 사업이 활발하지 않기 때문에 그렇지 못하다.

1864년에 덴마크가 프로이센과의 전쟁에 지고 국민이 실의에 빠져 있을 때, 엔리코 달가스라는 부흥운동가는 "밖에서 잃은 것을 안에서 찾자"고 국민에게 용기를 불어넣으면서 황무지 개간에 앞장섰고, 그의 열성에 감동한 국민이 그와 함께 모래땅에 나무심기를 거듭한 끝에 거친 국토는 푸른빛으로 바뀌었다. 이로써 덴마크 부흥의 기틀이 다져졌다. 이를 바탕으로 덴마크는 농업에서 상당한 경쟁력을 갖게 되었지만 이제는 유럽의 불황에 상당히 많은 영향을 받고 있는 실정이다.

최근에 덴마크에서 가장 유망 직업은 바로 쉬핑 매니저다. 코펜하겐에 본사와 교육센터를 둔 세계 제1위의 해운회사인 머스크(Maersk) 해운선사 덕분에 덴마크에서는 쉬핑 매니저가 유망 직업이 되었다. 하나의 선박이 입출항을 하는 데 필요한 모든 것을 지원하는 일을 하는 사람을 '쉬핑 매니저'라 한다. 쉬핑 매니저는 선원을 구하고 선상의 필요 물품을 체크하고, 배의 정비 상태, 배의 출항에 관한 허가, 배가 항해하는 데 필요한 연료, 항로의 문제 등을 종합적으로 다룬다. 그래서 쉬핑 매니저는 하루아침에 될 수 있는 것이 아니다.

해양학과를 졸업하고 상당한 항해 경험을 갖추면서 종합적인 업무를 익혀야 이 분야의 직업을 갖는 것이 가능하다.

직업만족도 : ★★★
소득 수준 : ★★★★
미래 전망도 : ★★★
핵심 능력 : 행정 및 어학 능력
관련 학과 : 해양운송학과
도움이 되는 과목 : 해운론
관련 진출 분야 : 해양 회사, 해운국
지원하는 방법 : 공채 시 응모
정보를 얻을 수 있는 홈페이지나 기관 : 덴마크 항운청

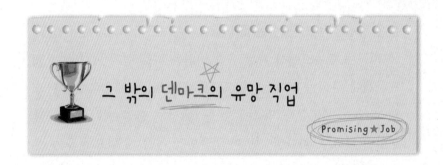

그 밖의 덴마크의 유망 직업

Promising ★ Job

### 놀이시설 디자이너

놀이시설 디자이너는 어린이가 놀이의 과정에서 안전하고 재미있게 놀 수 있는 놀이시설을 디자인하는 일을 한다. 덴마크의 놀이시설 디자이너는 매우 유망한 직업인데, 그 이유는 덴마크에 '레고랜드'라는 완구제조회사가 있기 때문이다. 레고랜드는 덴마크에서 매년 100만 명이 넘는 많은 가족 단위 방문객이 찾아오는 명소로 5000만 개가 넘는 레고 블럭으로 만들어진 곳이다. 놀이시설 디자이너가 되어 레고랜드에 취업하면 탄탄한 미래를 보장받을 수 있다.

### 가구 디자이너

덴마크는 밤과 겨울이 길어 집에서 보내는 시간이 많다. 그래서 하나의 소품도 미학적인 것으로 만들어 비치한다. 세계적으로 이름난 가구 디자이너인 아르네 야콥센(Arne Jacobsen)도 덴마크

출신이다. 그는 상상력을 발휘해서 가구를 만들고 수출해 각국에서 큰돈을 벌어들였다. 야콥센처럼 독특한 디자인을 바탕으로 한 특별한 가구를 만들어 낸다면 명성과 부를 모두 거머쥘 수 있다.

### 수상버스 운전사

덴마크는 운하의 풍경이 매우 아름답다. 나라 전체 중의 일부 도심에는 수상버스로 이동하는 길이 육로보다 더 많다. 이런 도로 구조 때문에 수상버스 운전사가 유망 직업이다. 덴마크 돈으로 50크로네, 우리나라 돈 9000원 정도면 한 사람이 운하 투어를 하는 것이 가능하다.

### 공예 기술자

공예 기술자에 대한 대우가 좋은 편이어서 컵, 그릇, 공예 작품 등 아름답고 정교한 골동품이 많다. 손재주만 있다면 도전해 볼 만한 직업이다.

2011년 유럽 챔피언스 축구 결승을 보면서 한국 축구의 미래를 생각한 적이 있다. 잠이 많은 나로서는 새벽 경기를 보고 나서 잠 부족에 시달리기도 했지만, 박지성이 속해 있는 팀인 맨유가 지는 바람에 피곤이 더욱 몰려왔었다.

축구 마니아인 나는 바르셀로나가 이긴 원인을 생각하다 스페인의 명문 축구 아카데미인 마르셋 축구학교를 떠올렸다. 이곳은 7~23세의 프로선수들이 각 연령별, 레벨별로 전문 강사진에 의해 개별 교육을 받으며 성장하는 곳으로, 총 500여 명의 재학생을 가르치고 있는 스페인 최고의 축구학교다. 또 이곳에서는 GVA 600이라는 장치를 통해 선수들은 자신이 어떻게 발전해 가는지와 자신의 장·단점을 직접 확인할 수 있다. 또한 자신의 축구 기술과 전략을 생각하면서 스스로 개발하게 하는 '포커스(Focus)'라는 프로그램도 선수들의 기량을 향상시키는 데 큰 역할을 한다. 우리나라의 박주영 선수도 고교시절에 브라질 축구학교에서 유학을 했는데 만약 스페인으로 유학을 갔으면 어땠을까 하는 생각을 해 보았다. 바르셀로나 유소년 축구학교 출신인 리오넬 메시의 경기를 보며 그런 생각이 더욱 간절해졌다.

왜 영국의 맨유가 스페인의 바르셀로나에 지게 된 것일까?

우리는 종종 지나치게 엄격한 규정이 발전을 가로막는 원인이 되는 모습을 보게 된다. 그러고 나서 힘들여 규정을 고치고, 수년

동안 발전되기를 기다린다. 그리고 시간이 흐른 후 엄격한 규정을 수정한 결과 이길 수 있었다고 말한다. 영국의 16세 이하 유소년 축구에는 여러 가지 엄격한 규제가 있다. 청소년들의 교육과 인성 발달을 위해서 하루에 일정 시간 이상은 축구를 하지 못하게 하는 것이다. 이것은 장점도 있겠지만 이제 어느 정도 융통성을 발휘해야 할지도 모른다. 영국이 이런 규제를 풀고 자유를 주지 않는다면 앞으로 바르셀로나를 이기기 힘들지도 모른다.

이에 비해 스페인의 유소년 축구는 다르다. 이들은 아이들에게 하루 종일 축구를 해도 좋다는 자유를 준다. 그래서 트레이너들은 어린 선수들을 지도하면서 보다 많은 시간을 그들과 함께할 수 있다.

국민의 축구에 대한 열정이 식지 않는 한 스페인에서 축구선수는 계속 유망 직업으로 남을 것이다.

| | |
|---|---|
| 직업만족도 : ★★★ | |
| 소득 수준 : ★★★★ | |
| 미래 전망도 : ★★★ | |
| 핵심 능력 : 슛, 체육 지도력, 패스, 도움능력 - 동기부여력 | |
| 관련 학과 : 축구 - MBA 리버풀 대학 | |
| 필요한 지식 : 축구 지도, 어린이 심리, 축구 경기 규칙 | |
| 관련 진출 분야 : 축구 해설가, 축구선수 에이전트, 축구감독, 축구 칼럼니스트 | |
| 지원하는 방법 : 체육 대학 석사, 네덜란드 코칭 스쿨 진학 | |

# 정치와 정부 분야

이 분야는 주로 국가의 행정, 정치, 법과 관련해 일하므로 명예와 수입을 동시에 얻을 수 있는 분야이기도 하다. 진입하기 쉽지는 않으나 일단 이 분야에서 일할 수 있는 자격을 획득하면 큰 성공을 얻을 수 있을 것이다.

　유럽 서북부에 위치한 벨기에는 인구가 많지는 않지만 음악과 예술 산업이 발달한 나라다. 벨기에는 1830년 독립되기 전까지 열강에 괴롭힘을 당하던 역사를 갖고 있다. 하지만 제2차 세계대전 이후에는 전쟁의 그림자가 없는 나라로 중립적인 성향을 갖게 되었다.

　벨기에는 인구 4명 중 3명이 가톨릭 신자일 정도로 가톨릭에 대한 믿음이 커서 교회의 위용도 막강하다. 그 영향으로 벨기에는 고건축물이 많으며 건축가가 인기를 얻기도 했다.

　그리고 19세기에 생겨난 생선시장이 무척 발달해 생선장수가 많은 수익을 내기도 했다.

　하지만 벨기에서 가장 유망한 직업은 국제공무원이다. 그 이유는 유럽연합(EU, European Union)본부가 벨기에의 브뤼셀에 있기 때문이다. 이곳 유럽연합 본부에는 수많은 국제공무원이 일하고 있다. 앞으로 유럽연합의 국제공무원이 하는 일은 갈수록 늘어날 전망이므로 국제공무원의 채용은 더욱 증가할 것이다.

| | |
|---|---|
| 직업만족도 : ★★★ | |
| 소득 수준 : ★★★ | |
| 미래 전망도 : ★★★★ | |
| 핵심 능력 : 국제 협상력, 국제 외교력 | |
| 관련 학과 : 국제 관련 대학의 국제학과 | |

| | |
|---|---|
| **도움이 되는 과목** : 외교학, 국제학 | |
| **지원 방법** : 대학 진학, 대학원 진학 | |
| **정보를 얻을 수 있는 홈페이지나 기관** : 유럽 연합 홈페이지 | |

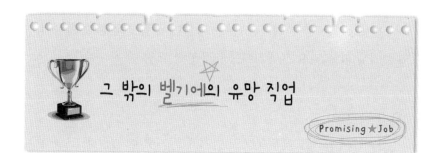

그 밖의 벨기에의 유망 직업

Promising ★ Job

## 마차 운전사

　벨기에에는 직접 말을 몰아 달리는 마차가 많다. 밤이면 말을 이용한 마차가 운행하는 낭만적인 모습을 여기저기서 볼 수 있다. 물론 마차는 낮에도 운행하며 마차운전사는 말을 몰아 손님이 원하는 곳으로 데려다 준다. 벨기에를 여행하는 사람들은 마차를 타고 거리를 여행하면서 벨기에의 전통미를 감상할 수 있다. 여행객들은 벨기에를 구경하면서 동시에 과거를 여행하는 기분을 낼 수 있어 마차 타기를 즐긴다. 그래서 마차운전사는 인기 있는 직업이다.

## 홍합 요리사

　벨기에에서 유명한 것이 백포도주, 야채 등을 곁들인 홍합요리다. 홍합 요리사들은 하나의 군락을 이루면서 장사를 한다. 각기 다른 자신들만의 요리 비법을 가진 다양한 홍합 요리사가 함께 모여 장사를 하는 것이다. 많은 사람이 홍합 요리를 좋아하기 때문에 홍합 요리사는 벨기에에서 유망한 직업 중 하나다.

### 악기 상인

벨기에에서는 도제형식으로 악기제조 기술을 배운다. 그렇다고 악기 관련 직업 시장이 모두 폐쇄적이라는 말은 아니다. 점차 악기 상인이 늘어나는 추세다. 악기 상인을 찾는 외국인이 점점 늘어나고 있기 때문이다. 악기의 가격대는 종류별, 제품별로 천차만별이다. 악기 상인은 시장을 통해서 고가의 악기를 유통시키면서 높은 수익을 내고 있어 유망 직업으로 떠오르고 있다.

모로코는 바다와 인접해 있는 지역이 많고, 세계에서도 아름다운 휴양지로 꼽힌다. 아프리카 지역에 위치하지만 프랑스풍의 건축물이 많은 것도 관광객이 많이 찾아오는 이유 중의 하나다. 모로코의 해변은 그 아름다운 풍경으로 인해 세계 각국의 부호들이 휴식을 위해서 방문하는 휴양처다. 이런 부유한 관광객들은 다소 비싸더라도 이색적이고 맛있는 음식을 찾기 때문에 요리사가 인기 직업이 되었다.

모로코 요리는 세계에서도 가장 다채로운 요리로 손꼽힌다. 프로빈셜, 타진 같은 요리는 인기가 높다. 세몰리나 위에 고기와 채소를 올려서 만든 쿠스쿠스도 이색적인 맛으로 많은 사람이 즐겨 찾는 모로코 요리다. 사실 모로코의 국민은 저녁식사를 보통 집에서 먹는다. 식사 시간이 9시 정도로 늦은 편이기 때문이다. 그래서 자국민에게 음식을 많이 판매하지는 못하지만 관광객이 워낙 많기 때문에 수입이 높다.

모로코에서는 요리사만큼이나 전망이 밝은 직업이 하나 더 있다. 바로 관광정책 관료다. 많은 모로코의 젊은이가 선망하는 직업으로 관광정책 관료를 꼽는다. 관광정책 관료는 이 나라에서 핵심적인 역할을 하는 인재들이기 때문이다. 모로코 정부는 이미 2001년 '관광 산업 1차 10개년 계획'을 수립, 공표하고 나름의 발전을 이뤄 좋은 성과를 거두었다. 2001년에 모로코에 무려 440

만여 명의 관광객이 방문했는데, 2010년도에는 약 2배가 증가한 920만여 명의 관광객이 모로코를 찾은 것으로 집계됐다. 모로코 정부는 일 년에 약 24조 원의 국가 예산을 관광정책에 투자했고, 이들의 이런 노력은 상당한 성공을 거두고 있는 셈이다.

모로코는 장기간 휴양하기에 적합한 자연 조건을 갖추고 있어 앞으로도 관광 산업은 계속해서 발전할 것으로 예상되며 더불어 관광정책 관료의 인기도 지속될 것이다.

| | |
|---|---|
| 직업만족도 : ★★★ | |
| 소득 수준 : ★★★ | |
| 미래 전망도 : ★★★ | |
| 핵심 능력 : 관광 및 문화와 역사 지식, 행정 능력 | |
| 관련 학과 : 관광학과 | |
| 도움이 되는 과목 : 관광론, 레저학, 국제관광학, 축제이벤트론 | |
| 관련 진출 분야 : 관광산업, 레저산업, 공공기관 | |
| 관련 자격증 : 관광가이드 | |
| 지원하는 방법 : 공채 | |
| 정보를 얻을 수 있는 홈페이지나 기관 : 관광공사 | |

## 그 밖의 모로코의 유망 직업

Promising ★ Job

### 가죽 생산, 판매업자

모로코 사람들은 가죽옷을 좋아하고 즐겨 입는다. 가죽옷을 만들기 위해서는 양, 소 등의 가죽을 석회와 함께 하루 동안 담가 두었다가 직접 사람의 손으로 다듬는 과정을 거쳐야 한다. 시중에서 거래되는 가죽은 대부분 위의 과정을 거쳐 가죽 생산업자에 의해 만들어진 것이다. 가죽의 수요가 많기 때문에 가죽 생산업자도 모로코의 유망 직업 중의 하나다. 이들은 가죽을 제조한 후에 가죽 전문시장에 가져와 판매한다. 그래서 '질드수크'라는 모로코의 생가죽시장은 활기가 넘친다.

### 컴퓨터 관련 정보보호 전문가

최근 한국의 IT 컨설팅 전문업체인 LG CNS가 모로코의 사이버안전센터 구축 사업 계약을 체결했다. 이런 과정을 거치면서 이곳에서는 앞으로 IT 컨설턴트, 컴퓨터 정보보호 전문가가 수년 내에 유망 직업으로 등장할 것이다. CISSP(Certified Information System Security Professional)라는 국제 공인 정보시스템 보안 전문가라는 자격증을 취득해 두면 모로코에서 일할 기회가 많을 것이다.

## 리조트 건축가

프랑스는 모로코의 원주민인 베르베르인을 진압해 식민지로 삼았다. 결국 모로코는 프랑스의 식민 통치를 받다가 1956년에 독립했다. 그러한 역사 때문에 모로코에는 많은 프랑스인이 찾아와 리조트에 머물면서 관광을 한다. 덕분에 지금도 리조트 건축가는 이곳에서 유망 직업이다. 프랑스인뿐만 아니라 세계 각국에서 온 부호들이 모로코의 해변가 리조트에 머물면서 여행하는 일이 많기 때문에 앞으로도 리조트 건축가는 유망한 직업으로 남을 것이다.

정치 컨설턴트란 지역의 특성상 무슨 정책을 가진 정당이 그 지역에서 유권자들에게 유리하게 어필할 수 있는지에 대한 정보를 분석해 정치인이 되고자 하는 이들에게 알려주고 정치 자문을 해 주는 사람을 말한다. 유권자들의 투표 행태와 정치가에 대한 정보를 수시로 수집해야 하기 때문에 항상 주변의 정치 관련 정보에 민감하게 반응해야 하며, 선거 구도를 분석하는 일도 정치 컨설턴트의 몫이다. 정치 신인이 등장해 이들이 인기를 누리게 되면 왜 이런 현상이 생기는지를 분석하기도 하고, 분석된 결과와 과정을 인터넷, SNS, 방송 매체들을 통해서 알리는 일도 한다. 이 직업은 2012년 미국에서 대선 당시 공화당 출신인 페트릭 헤인스가 설립한 정치컨설팅업체 '헤인스 커뮤니케이션즈'가 많은 일을 처리하면서 미국에서 가장 발달하게 되었다.

하지만 정치에 대한 관심이 높아진 요즘에는 한국에서도 대선과 총선이 치러지는 시기에 정치 컨설턴트의 업무가 늘어나는 추세다. 정치에 관심이 많은 국민이 소비자가 되어 정치에 대한 정보를 수집한 후 분석 결과를 얻으려고 하기 때문이다. 요즘에는 많은 사람이 이런 정보를 얻으면서 자신의 정치에 대한 관심을 충족하려고 한다.

정치 컨설턴트는 정치정세를 분석해서 이를 필요한 집단과 개인에게 전해 주는 일이 주업무이기 때문에 대선과 같은 큰 선거가 있으면 채용이 늘어나게 된다. 그러므로 채용 시기를 잘 맞추는 것도 중요하다. 시기에 따라 정치 컨설턴트들의 일은 많이 생기기도 하고 적어지기도 한다. 대부분 프리랜서로 일하지만, 선거가 없는 해에는 일거리가 줄어들기 때문에 컨설팅 회사에 속해 월급을 받으면서 일하는 것도 좋은 방법이다.

## 〈정치 컨설턴트〉가 되기 위한 준비 TIP

정치 컨설턴트로 일하고 싶다면 정치학 원론, 권력론, 정치커뮤니케이션학 등을 들어 두면 좋다. 하지만 정치 관련 정보를 수집하는 일을 한다고 해서 반드시 대학에서 정치외교학을 공부할 필요는 없다.

직업만족도 : ★★★★
소득 수준 : ★★★★★
미래 전망도 : ★★★
핵심 능력 : 선거 전략 및 홍보 전략 기획
관련 학과 : 정치학
도움이 되는 과목 : 외교론, 정치국제학
관련 진출 분야 : 선거, 정치여론 조사
지원하는 방법 : 정치 컨설팅 회사에 직접 지원
정보를 얻을 수 있는 홈페이지나 기관 : 미국 문화원

미국에서는 현재 정치 컨설팅이 활발하게 진행되고 있다. 미국의 정치연구재단인 헤리티지 재단이나 브루킹스 재단은 개인이나 기업의 기부금과 자체 연구물을 통해 수익을 내며 연구 활동을 지속하고 있다. 미국인들은 공화당, 민주당, 제3국의 정당에게 꼭 필요하고 맛깔나는 정치 상품을 제공하는 헤리티지 재단과 브루킹스 재단 연구소의 공익성을 신뢰하고 있다. 그래서 미국 시민 중 약 20만여 명이 좋은 민주정책을 만들기 위해 노력하고 있는 이 재단들을 위해 지갑을 열고 있다. 미국의 정당 정책을 세우는 정당 정책 전문가는 유망 직업이다.

안타깝게도 우리나라에는 민간 정치 연구소가 없다. 사적인 관계들로 연결된 정당의 종속적인 정책 연구소들은 대선 즈음에 생겨나 대선 후보와 손잡고 정책을 연구하다가 집권 후에 정부 요직으로 자리를 옮기고는 집권 말기에 임시 연구조직으로 변했다가 종국에는 사라져 버린다. 정치 컨설턴트들도 프리랜서처럼 한철 공부하면서 일하다가 임기제 일반직 공무원처럼 선거가 없는 해에는 사라진다. 소중한 정치 경험들도 함께 사라지는 것이다.

이렇게 해서는 나라의 정책과 정치가 발전할 수 없다. 좋은 정책을 만들기 위해서는 연구가 이루어져야 한다. 그러므로 정당과는 멀리 떨어져 독립적으로 존재하는 정치 컨설팅 회사가 민간 차원에서 만들어지고 육성되어야 한다.

우리나라에도 일본의 사설 정치지도자양성 학교인 마쓰시타 정경숙과 같은 연구재단을 만드는 것은 어떨까. 미래를 위해 시민운동을 통해 모금을 하고 정치 컨설팅 회사를 세워 우리의 정치를 이끌고 갈 인재를 양성하는 것이다. 정당에 속하지 않고 정치인 개인이 좋은 정책을 연구하고 만들 수 있도록 뒷받침해 준다면 기존 우리나라의 정당소속 연구소들과 경쟁하면서 정치 환경을 개선해 살기 좋은 국가 정책이 많이 생겨나고 나라는 더욱 발전할 것이다.

| | |
|---|---|
| 직업만족도 : ★★★ | |
| 소득 수준 : ★★★ | |
| 미래 전망도 : ★★★ | |
| 핵심 능력 : 설득 및 협상력 | |
| 관련 학과 : 정치외교학과 | |
| 도움이 되는 과목 : 정치외교학 | |
| 관련 진출 분야 : 정당 연구원 | |
| 관련 자격증 : 사회 조사 연구원 | |
| 정보를 얻을 수 있는 홈페이지나 기관 : 각 정당의 사무국 | |

최근 들어 직원의 잘못으로 인해 법 규정을 제대로 준수하지 못한 거래를 함으로써 거액의 손해 배상 소송에 말려드는 일이 종종 일어나고 있다. 만약 이 소송에서 지게 되면 회사에서는 거액의 손해 배상금을 부담하게 된다. 회사의 입장에서 이런 일들이 생기는 것을 막기 위해 준법감시인을 고용한다.

준법감시인이란 회사 소속 직원들이 업무 과정에서 법규를 잘 지키면서 일하도록 지켜보고 도움을 주는 사람을 말한다. 이 직업은 한국에서는 다소 생소하지만 미국에서는 발달한 직업 중의 하나로 'compliance officer'라고 불린다.

직원들이 법규를 지키면서 일하도록 도움을 주어야 하는 업무의 특성상 이 직업은 감시자의 역할을 한다. 준법이 잘 이뤄지는지를 체크하는 좋은 의미의 감시이지만, 일반 직원에게는 다소 부담스러운 느낌을 주는 것은 사실이다.

준법감시인은 대개 회사의 법률팀에서 일하지만 금융 회사에서는 준법감시인 제도를 별도로 만들어서 부사장직, 부장직을 두고 운영하는 경우도 있다.

준법감시인을 두는 회사에서는 이들의 업무 중립성을 철저히 보장해 준다. 또한 보수도 높은 편이다. 변호사 자격증이 필수는 아니지만 미국에서는 로스쿨 출신 국제변호사를 준법감시인으로 채용하는 경우가 많다. 준법감시인은 특성상 연봉이 비교적 높은 편이며, 직위도 상위직위를 주는 경향이 강하다. 사내의 준법 여부를 다루는 직업이다 보니 이런 경향이 두드러진다.

객관적인 시각에서 문제를 다루고, 거래 데이터를 중시하는 성향을 지닌 인재라면 준법감시인의 커리어를 갖고 일하는 데 적합하다.

## 〈준법감시인〉이 되기 위한 준비 TIP

섬세하고 논리성이 강한 여성이라면 회사의 준법감시인이라는 직업에 도전해 볼 만하다. 대학에서 민사소송법, 형사소송법, 법학개론, 민법 총칙 등을 열심히 공부해 두면 유리하다. 법적인 부분과 규정 등을 숙지하고 일하는 경우가 많으므로 법과대학이나 로스쿨에서 공부하는 것이 좋다. 로스쿨을 졸업한 후 변호사 자격시험에 합격하면 준법감시인으로 나아가는 데 더 유리하다. 로스쿨에서 배운 판례를 중심으로 무엇이 사건의 핵심 요소인지를 파악하는 능력과 그 경험을 축적한다면 유능한 준법감시인이 될 수 있을 것이다.

미국의 180개 이상의 로스쿨이나, 한국의 로스쿨에서 공부하는 과정에서 판례를 면밀히 공부하고 소송에 필요한 제반 서류 작성 요령, 법률 적용 과정을 익히는 데 최선을 다한다면 준법감시인으로 가는 길이 멀기만 한 것은 아니다. 미국의 LSAT시험을 보고 그 성적으로 미국 로스쿨에 입학허가서를 받으면 유학이 가능하다. 문제는 자기 스스로 로스쿨 유학 후에 가고자 하는 확고한 커리어 콘텐츠를 발견하는 일이다.

직업만족도 : ★★★
소득 수준 : ★★★
미래 전망도 : ★★★
핵심 능력 : 정치 협의 경력
관련 학과 : 법학과, 경영학과, 경제학과
도움이 되는 과목 : 법학, 경영학, 경제학, 금융학
관련 진출 분야 : 금융회사, 기업을 감사하는 행정기구
관련 자격증 : 준법감시인 자격증

# 문화, 예술, 디자인 분야

문화, 예술, 디자인 분야는 감성과 감각을 발휘해야 하는 분야다. 감각이 있고 화려한 것을 좋아하는 경향이라면 이 분야에서 직업을 찾으면 능력을 발휘하고 인정받게 될 것이다.

고대 인디언의 후손이 세운 나라. 65미터가 넘는 거대한 태양의 피라미드가 존재하는 나라. 선인장의 왕국으로 선인장에서 옷 재료를 만들어 내는 전통을 지닌 나라. 바로 멕시코다.

1521년 스페인이 멕시코를 침략한 이래 멕시코는 스페인에 의해 300년 동안 지배를 당했다. 한국의 일제 강점기가 36년이었던 것을 생각하면 아주 오랜 세월이다. 멕시코는 스페인의 영향을 크게 받았다. 멕시코에는 원래 광산 개발자가 많아서 은광으로 큰돈을 번 사람이 많지만 그 돈의 대부분이 스페인으로 흘러 들어갔다. 그리고 지금은 광산 개발자가 많이 줄어든 편이다. 또한 식민지 시절에 들어온 스페인어가 공용어가 되어 멕시코 사람들은 스페인 말을 사용한다. 하지만 그렇다고 멕시코의 모든 문화가 스페인화 된 것은 아니다. 멕시코 사람들은 스페인 문명과 멕시코의 문명을 적절하게 섞어 그들만의 문화를 만들어 냈다.

멕시코의 문화 중에서 주목할 만한 것은 춤이다. 멕시코인들은 무용 공연 보는 것을 좋아한다. 스페인풍의 열정적인 춤은 물론 고대 인디언 춤까지도 연구한다. 그래서 멕시코에서는 춤을 만드는 안무가의 인기가 높다. 그들만의 독특함이 살아 있는 춤을 만드는 안무가는 멕시코에서 유망 직업으로 떠오르고 있다.

직업만족도 : ★★★★
소득 수준 : ★★★
미래 전망도 : ★★
핵심 능력 : 춤 연출력, 예술적 감각, 감정 표현, 신체표현 능력, 창의력, 리더십
관련 학과 : 무용과, 무용학과
도움이 되는 과목 : 춤의 미학, 발레의 기초, 스텝
관련 진출 분야 : 공연, 영화, 미디어

## 그 밖의 멕시코의 유망 직업

Promising ★ Job

### 은 세공 기술자

과거 은광이 발달했던 영향으로 은을 이용해 하나의 예술품을 만들어 내는 은 세공 기술자는 멕시코의 유망 직업 중 하나다. 이들은 은으로 새를 만들기도 하고, 인간의 모습을 만들기도 한다. 은 제품을 파는 가게 경영자는 은 세공품을 판매해 많은 이익을 얻는다. 그래서 많은 멕시코 청소년이 은 세공 기술자가 되고 싶어 한다.

### 벽화 화가

멕시코 어디서나 쉽게 볼 수 있는 벽화는 1920년에서 1970년까지 이어진 멕시코 벽화 운동 시기에 그려진 것이 많다. 이 운동은 민족 예술과 멕시코 문화의 정체성을 찾기 위해 정부에서 지원한 것으로, 공공건물 벽에 그림을 그려 누구나 예술을 접할 수 있도록 한 것이다. 특히 멕시코 벽화의 3대 거장인 디에고 리베라, 다비드 알파로 시케이로스, 호세 클레멘테 오로스코의 작품은 글을 모르는 사람들에게도 감동을 주어 멕시코 국민에게 역사의식을 심어 주었다. 이후 멕시코에서는 벽화 화가가 유망 직업이 되었다.

### 소스 기술자

멕시코에서는 새콤한 맛을 내는 소스가 인기다. 소스를 만들어 이집트 고유의 전통음식과 함께 먹는다. 그래서 맛있는 소스를 만들어 내는 소스 기술자는 인기 직업이다.

### 직물 생산자

이집트 고유의 직물을 만들어서 판매하는 직물 생산자는 멕시코에서 유망 직업이다. 직물은 현대시장보다는 재래시장에서 많이 거래되는데 시장에서 인기가 많아 높은 수익을 낼 수 있기 때문에 많은 젊은이가 직물 생산자가 되고 싶어 한다.

유적지를 찾아내는 일을 하는 사람을 유적 발굴 전문가라고 한다. 유적지란 고인돌과 같은 무덤이나 왕의 능과 같이 옛사람들의 생활 흔적을 알 수 있는, 역사적인 가치가 있는 공간을 말한다. 유적 발굴 전문가는 발이 빠르다고 가질 수 있는 직업이 아니다. 주변 사물을 자세하게 관찰하고, 생각을 많이 하는 사람에게 알맞은 직업이라고 볼 수 있다.

유적 발굴 전문가가 되면 문화재 보호청이나 대학의 학예 박물관에 속해서 일하게 된다. 민간 대학 박물관이나 국립 박물관 전시장에서 일하며 유적지 발굴을 위해 매주 탐사를 다니거나 유적지를 발굴하는 일도 유적 발굴 전문가의 일이다.

역사에 대한 관심과 역사의 중요성에 대한 인식이 날로 높아지고 있으므로 유적 발굴 전문가의 전망이 밝다. 다양하고 귀한 유적이 많을수록 유적을 찾고 그것을 발굴해 전시하고 홍보할 수 있는 인재가 필요하고, 그에 따른 시장도 발달하기 때문이다.

만약 미술품에 관심이 많고 외국어를 잘한다면 프랑스나 스페인 등지의 유적 발굴 팀에 도전하는 것도 좋다. 프랑스나 스페인에서 유적 발굴 전문가가 된다면 돈과 명예를 함께 얻을 수 있기 때문이다.

유적지로서 가치 있고 의미 있는 좋은 유적지를 발굴하고, 그것이 하나의 관광 코스로 자리 잡으면 그 분야에서 인정받고 유적 발굴 전문가로서 자부심을 가질 수 있을 것이다.

유적 발굴 과정을 우리나라의 경우로 예를 들면, 유적 발굴 전문가가 문헌을 보다가 한강 어느 지역에 백제의 무슨 왕의 유적지가 존재한다는 사실을 발견하게 된다. 그러면 유적 발굴 계획을 세우면서 유적 발굴 작업이 시작된다. 우선 유적을 발굴하기 위해 얼마의 비용이 들어가는지를 계산해 보고 유적 발굴팀을 만든다. 물론 유적지는 정해진 곳이 아니라 어디에서라도 발굴될 수 있다. 공사장에서 발견되기도 하고 농경지에서 발견되기도 한다. 하지만 역사를 모른다면 그것이 그냥 돌멩이인지, 아무 의미 없는 낙서인지, 역사에 길이 남을 중요한 유적인지 구분해 낼 수 없다. 역사를 알아야 유적도 발굴할 수 있고, 조상들의 흔적을 찾아 고증을 할 수도 있기 때문이다.

만약 유적이 발견되었다면 유적 전문가들에 의해서 발굴 작업의 모든 것을 치밀하게 기록으로 남기게 된다. 그리고 역사적으로 어떤 유물이며, 어떤 의미를 가지고 있는 것인지에 대한 고증을 해야 한다. 그래야만 그 유적이 유적으로서의 가치를 가질 수 있기 때문이다.

대부분의 유적은 오랜 세월을 거쳐 전해 내려오기 때문에 많이 훼손되기도 하고 작은 충격에도 쉽게 파손될 수 있다. 그래서 보존을 위해 특별한 약품을 사용하기도 한다. 유적 발굴 전문가라면 이런 약품의 종류와 활용 방법도 잘 알고 있어야 한다.

유적 발굴 전문가가 되면 일하는 시간의 대부분을 유적지에서 보내게 된다. 따라서 유적지 주변의 사물을 세심하게 관찰하고 유물을 골라내는 눈을 기르는 것이 중요하다.

## 〈유적 발굴 전문가〉가 되기 위한 준비 TIP

유적 발굴 전문가가 되고 싶다면 대학을 진학할 때 역사학과나 사학과에 진학하는 것도 좋다. 대학생활 중에 유적지 발굴에 참여할 수도 있고, 유적지를 관광코스로 발전시키는 사업을 직접 경험해 볼 수 있는 기회를 얻을 수 있기 때문이다. 수강 신청을 할 때 유적론이나 전통 유물론 등의 수업을 들어 보는 것도 큰 도움이 될 것이다. 그런 강의를 들으면서 현장에 나갈 기회가 생긴다면 관찰력을 발휘하면서 학예사(큐레이터) 자격증을 취득하는 것도 좋다. 또 현장실습을 많이 하면 큰 도움이 된다. 유적지에서 출토되는 유적을 찾아서 그것이 만들어진 연대를 검증하거나 유적지의 상태를 보존하는 일 등을 많이 경험해 보는 것이 좋다.

직업만족도 : ★★★★
소득 수준 : ★★

| | |
|---|---|
| 미래 전망도 : ★★★ | |
| 핵심 능력 : 역사 해석 능력 | |
| 관련 학과 : 유적학과, 유전의식과 | |
| 도움이 되는 과목 : 고고학 | |
| 관련 진출 분야 : 학예사 전문 회사 | |
| 관련 자격증 : 학예사 | |
| 지원하는 방법 : 박물관에 직접 지원 | |
| 정보를 얻을 수 있는 홈페이지나 기관 : 스페인 대사관 | |

식물원은 기원전 16세기경 이집트에서 식물원의 시초로 보이는 유적이 발굴되었지만, 근대적인 의미에서의 식물원은 1543년에 이탈리아 피사에서 문을 열었다. 그 후로 1545년 이탈리아의 파도바와 볼로냐, 독일의 하이델베르크와 부레스라우, 1590년의 네덜란드의 라이덴, 프랑스의 몽펠리에 등이 모두 16세기에 생겼다.

식물원이 많이 등장한 16세기에는 식물원장이 의사인 경우가 많았다고 한다. 과거에는 식물에서 치료제의 원료를 얻는 경우가 많아서 식물원에 약초식물을 심고 임상을 거쳐서 처방을 하기도 했기 때문이다. 1800년대 초만 해도 의사이자 식물원장을 겸임했던 스위스의 장게스너처럼 식물원장은 두 가지의 직업을 동시에 갖기도 했다.

식물원은 목적에 따라 시설과 규모가 다르지만 많은 식물을 수집해 가꾸는 데는 우선 넓은 면적과 계곡이나 습지 같은 곳이 필요하며, 열대지방 식물을 가꾸기 위한 온실과 온상 등이 필요하다. 식물원은 적당한 햇볕이 드는 곳에 만들어진다. 식물원의 규모는 작게는 몇 천 평에서 몇 만 평까지 다양하다. 나무가 많으면 더 큰 곳에서 일하기도 한다.

민간 식물원의 경우는 직접 자기 소유의 식물원에 여러 가지 관상용 식물을 심고 관람객에게 입장료를 받고 수입을 올리는데,

시설과 위치가 좋으면 많은 수입을 올릴 수 있다. 요즘에는 식물원이 잔디, 레스토랑 등의 시설을 갖추고 비즈니스 목적으로 운영되는 경우가 많다.

그렇다고 모든 식물원이 이런 상업적인 목적만을 갖고서 설립되는 것은 아니다. 설악산의 희귀식물을 보호하기 위해 설립된 희귀종 식물원도 있다. 기생꽃, 새뿔투구꽃 등 희귀식물을 보호하는 일이 이들의 주된 업무다. 이러한 식물원은 정부의 지원을 받는다. 이런 경우 식물원장은 처음부터 식물원장이 되기보다는 관련 부서의 공무원이 된 후 경험을 쌓고 나무를 치료하고 가꾸는 일을 하면서 일정한 경력을 갖춘 후 식물원장이 되기도 한다. 공직의 경우는 일정한 보수 규정에 의한 보수를 받는다. 더하여 공직의 위상과 자부심을 갖고 일할 수 있다.

식물원장으로 맡은 바 소임을 다하여 식물원을 잘 가꾸고 발전시켜 지구의 환경을 깨끗하게 하는 데 도움을 주는 일 또한 인류를 위한 가치 있는 일이 될 것이다.

## 〈식물원장〉이 되기 위한 준비 TIP

식물원장이 되기 위해서는 무엇보다 나무를 사랑해야 한다. 나무를 지극히 사랑해 나무 하나하나를 아끼는 마음이 있어야 할 수 있는 직업이다. 항상 식물들과 대화하듯이 식물을 대하고, 식물을 통해 자신의 존재가치가 생긴다는 마음가짐으로 식물들을 돌봐 주어야 한다.

식물학이나 농학이 이 분야의 직업을 갖는 데 적합한 전공이다. 식물학, 생태학, 나무 생리학 등을 배워 두면 식물원장으로 일하는 데 도움이 된다. 그러나 보다 중요한 것은 농장이나 수목원 등 관련 분야에서 일하면서 식물의 특징과 보존, 배양에 대한 다양한 경험을 해 보는 것이다.

직업만족도 : ★★★
소득 수준 : ★★★
미래 전망도 : ★★★
핵심 능력 : 식물학 지식, 경영 능력
관련 학과 : 묘목학과, 식물학과, 종자학부
도움이 되는 과목 : 농학
관련 진출 분야 : 식물원, 묘목 분양 업체
관련 자격증 : 식물 치료사, 정원사 자격증
정보를 얻을 수 있는 홈페이지나 기관 : 식물원 홈페이지

　프랑스에서는 여러 가지 향료를 섞어 새로운 향을 만들거나, 제품에 향을 덧입히는 등의 일을 하는 전문가인 조향사가 유망 직업이다.

　천연향은 자연에서 얻는 향이기 때문에 종류가 다양하지 않지만, 합성향은 향과 향이 합쳐진 향이어서 수천 가지가 넘는다. 조향사는 합성향을 이용해서 소비자들이 좋아하는 냄새를 만들어 낸다. 현대 사회에서 냄새의 중요성은 아무리 강조해도 지나치지 않을 정도다. 특히 메이크업 제품에서 나는 향은 소비자들의 구매를 자극하는 역할을 한다. 메이크업 제품에서 나는 향기로운 냄새도 조향사가 만들어 낸 것이다. 소비자들이 좋아하는 냄새를 제품에 입혀 놓고 후각을 통해서 인식하게 함으로써 소비를 유혹하고, 제품의 가치를 높이는 일이 바로 조향사의 일이다.

　조향사는 크리스챤 디올, 코코 샤넬 같은 메이크업 회사의 연구실에서 일하는 경우가 많다. 로레알 같은 회사는 프랑스 연구소 외에도 각 지역, 이를 테면 북미, 아시아, 남미 등에도 연구소를 두고 향을 연구하기도 한다. 하지만 한 번에 많은 채용을 하지는 않기 때문에 자신만의 경쟁력을 갖춰야 한다.

　다행히 이제는 조향사가 메이크업 제품뿐만 아니라 새로운 분야에서도 인기 직업으로 성장하는 중이다. 그중 향과 맛을 추구하는 외식 산업 분야에서 조향사가 음식의 풍미를 높여 주고 좋은 분위기를 만들어 내기 위해 일하고 있다. 중국 음식에는 향이 많이 활용된다. 음식 맛을 자극하는 촉매제로서 합성향이 중요한 역할을 하기 때문이다. 고대 중국 왕실의 여러 음식도 전통적인 비법으로 만들어 낸 조향을 통해 풍미를 더했다고 한다. 프랑스의 조향사도 마찬가지다. 향을 통해 맛을 낸다. 맛있는 향이 나는 음식은 그 맛이 더욱 좋게 느껴진다. 음식에 들어가는 향신료는 바로 그런 역할을 한다. 특히 후각이 발달한 사람들에게는 더욱 그렇다. 이처럼 점차 분야를 넓혀가고 있기 때문에 앞으로도 조향사는 유망 직업으로 남게 될 것이다.

## 〈조향사〉가 되기 위한 준비 **TIP**

후각이 예민하고, 과학을 좋아하며, 실험정신이 투철하고, 무엇인가를 만들어 내기를 원하는 여학생이라면 조향사로 커리어디자인을 해 보는 것도 좋을 것이다.

조향학과에 진학해서 조향에 대한 이론과 기술을 익히는 것이 유리하다. 프랑스에는 세계 유일의 향수 관련 교육 기관인 ISIPCA가 있다. 이곳에서 천연향과 수천 가지 이상의 합성향을 다루는 기술을 배울 수 있다. 또 화장품 회사에 있는 향 연구소에 들어가서 어시스트로 일하면서 조향을 배우는 방법도 있다.

화학과에서 향의 성분, 향을 다루는 기술을 이론적으로 익히고 향을 직접 만들어 보는 연습을 통해 조향사의 길을 가는 것도 좋다.

직업만족도 : ★★★
소득 수준 : ★★★
미래 전망도 : ★★★
핵심 능력 : 다양한 향을 구별할 수 있는 후각, 독창성, 창조성
관련 학과 : 화학 관련 학과
도움이 되는 과목 : 정밀화학, 화학공학
관련 진출 분야 : 향수 회사, 식품 회사, 화장품 회사, 화장품 연구소
정보를 얻을 수 있는 홈페이지나 기관 : 주한 프랑스 문화원

## 🎖 남아프리카공화국의 수영복 디자이너

　자연환경이 그대로 보존되어 있는 나라. 산안개가 많은 나라. 축구 경기를 방해하는 듯한 부부젤라로 응원을 하는 나라. 바로 남아프리카공화국이다. 남아프리카공화국(Republic of South Africa, 이하 남아공)은 아프리카 대륙의 가장 남쪽 끝에 위치하고 있으며, 총면적이 한반도의 다섯 배에 달하는 넓은 국토를 가진 나라다.

　1488년 희망봉에 포르투갈의 선원 바르톨로메우 디아스가 도달하면서 유럽인들은 아프리카에 식민지를 만들기 시작했다. 그때 남아공도 영국의 식민지가 되었다. 1910년대에 독립했지만 민족 간, 인종 간 차별이 심해 많은 발전을 이루지는 못했다. 하지만 남아프리카공화국 최초의 흑인 대통령이자 흑인인권운동가인 넬슨 만델라가 대통령이 된 후 남아공은 많은 변화를 겪었다. 발전된 외국의 문물을 받아들이고 국제화된 직업이 많아졌다.

　그중에서 수영복 디자이너가 유망 직업으로 떠오르고 있다. 남아공에는 수영을 즐기는 관광객이 많아서 수영복 수요가 늘어나고 있기 때문이다. 남아공의 많은 젊은이가 새로운 감각으로 실용적이고 아름다운 수영복을 만들고 싶어 한다. 천혜의 자연환경을 보기 위해 남아공을 찾는 관광객들의 발길이 끊이지 않는 이상, 그들만의 전통문화와 현대적인 감각이 어우러진 독특한 수영복에 대한 수요는 늘어날 것이다. 이에 따라 수영복 디자이너의 직업 전망 또한 밝을 것으로 전망된다.

직업만족도 : ★★★
소득 수준 : ★★★
미래 전망도 : ★★★
핵심 능력 : 그래픽 디자인 능력, 색채 디자인 능력, 커뮤니케이션 능력, 시장
조사 능력
관련 학과 : 의상디자인학과, 패션디자인학과, 의류학과, 의상학과
도움이 되는 과목 : 의상디자인학, 패션디자인학, 의류학, 의상학
관련 진출 분야 : 수영복 전문 제조업체, 패션 업체
관련 자격증 : 의류기사, 패션디자인기사 등 패션디자인 관련 자격증
정보를 얻을 수 있는 홈페이지나 기관 : 패션디자인학원, 패션디자인학과

## 그 밖의 남아공의 유망 직업

Promising ★ Job

### 와인 생산자, 와인 제조자

남아공의 와인은 저렴한 가격, 깊은 맛으로 인기가 높다. 와인 생산자와 제조자의 손맛으로 깊고 풍부한 맛의 와인이 탄생한다. 이렇게 만들어진 와인은 시장에서 인기가 높다. 아프리카 특유의 와인 맛을 보려는 사람이 늘어나면서 와인 농장에서 일하는 와인 생산자와 와인 제조자는 유망 직업이 되었다.

### 스포츠 에이전트

2010년 남아공 월드컵 이후, 남아공에서는 글로벌 스포츠 에이전트가 많이 생겨났다. 스포츠 에이전트는 기량이 뛰어난 남아공의 축구선수를 발굴해 고액의 연봉을 받고 유럽 명문 구단에 입단해 프로축구선수로 활약할 수 있도록 도와주는 일을 한다. 토고 출신인 아데오 바요로처럼 고액 연봉을 받는 축구선수가 되고 싶어 하는 어린이가 많아지면서 재능이 뛰어난 아이를 발굴해서 유명 구단의 선수가 될 수 있도록 도와주는 역할을 하는 스포츠 에이전트의 비전도 높아지고 있다.

## 동물보호가

남아공의 들판에는 한가롭게 풀을 뜯고 있는 버팔로 무리와 씩씩 숨을 내뿜는 거대한 코뿔소, 힘이 넘치는 바다물개 등 자연 그대로의 야생 동물을 많이 볼 수 있다. 아프리카 국가답게 야생 동물과 만날 수 있는 공간과 기회가 많기 때문이다. 야생 동물 체험은 관광객에게 아주 특별하고 소중한 기억으로 남는다. 야생 동물은 남아공의 소중한 자원이기 때문에 야생 동물을 보호하는 일도 매우 중요하다. 그래서 동물보호가는 이 나라에서 유망 직업이다.

## 페들러 제조인

남아공에는 인공수로 기술자가 많아서 수로 옆에 건물을 짓는다. 그리고 '페들러'라는 수로 전용 보트를 타고 이동한다. 베트남에는 자전거를 타는 사람이 많듯이 남아공에서는 페들러를 타고 다니는 사람이 많다. 페들러의 수요가 많기 때문에 페들러 제조인은 유망 직업이다.

튀니지는 북아프리카 지중해 연안에 있는 나라로, 아름다운 지중해를 보기 위해 많은 관광객이 찾아온다. 지중해만큼이나 관광객의 눈길을 사로잡는 것이 있는데 바로 생선 무늬로 된 부적이다. 튀니지에는 주변의 바다에서 고기를 잡는 어부가 많은데, 생선 무늬로 된 부적을 세워서 바다에 대한 경외심을 보내며 자신의 안전을 빈다고 한다. 이런 튀니지의 주술 문화는 작은 디자인 하나도 소홀히 하지 않고 섬세하고 정교하게 작업하는 능력을 키워 주었다. 그래서 그들이 만든 공예품들은 관광객들에게 인기가 많다. 특히 자연 여건 덕분에 좋은 금속을 쉽게 구할 수 있어서 좋은 작품을 많이 만들 수 있는 금속 공예가가 유망하다. 튀니지 특유의 미학적인 감각을 살린 시장이 발달해서 관광객들에게 인기 상품으로 판매되어 높은 수익을 올릴 수 있기 때문이다.

더불어 튀니지 특유의 감각을 지닌 양탄자 디자이너도 유망한 직업이다. 의류 직물 재료가 다양하기에 이런 직업이 유망 직업으로 성장세에 있다.

---

직업만족도 : ★★★★
소득 수준 : ★★★★
미래 전망도 : ★★★★★
핵심 능력 : 디자인 감각

---

관련 학과 : 금속공예학과, 금속재료학과, 산업디자인학과

도움이 되는 과목 : 금속공예학, 제품디자인학

관련 진출 분야 : 공예 분야 사기업, 반도체 등의 제작

관련 자격증 : 디자인 머천다이저

## 그 밖의 튀니지의 유망 직업

Promising ★ Job

### 크루즈 여행 관련 직업

카리브 해안의 아름다운 바다는 관광객들의 크루즈 여행에 큰 감동과 즐거움을 선사한다. 크루즈 여행을 하는 관광객이 많아서 그와 관련된 여러 가지 유망 직업이 생겨났다. 크루즈선 요리사, 크루즈선 선박 설계 전문가, 크루즈선 선장, 크루즈선 매니저 등이 튀니지에서 유망 직업으로 성장하게 될 전망이다. 이들은 튀니지의 관광 수입을 상당히 향상시켜 해양 관련 관광 산업이 성장세를 유지하게 될 것이다.

### 도넛 제조자

튀니지 사람들은 도넛을 즐겨 먹는다. 그래서 도넛 제조자는 튀니지에서 인기 직업이다. 튀니지의 도넛은 해외 관광객들에게도 인기가 좋다. 도넛을 만들어 판매하는 일을 통해 좋은 수입을 유지할 수 있어서 유망 직업이다.

## 요리사

튀니지에는 갈치, 양파, 과일 등을 판매하는 '수크'라는 재래시장이 있다. 재래시장이라고는 하지만 원시적인 느낌이 그대로 살아 있는 영세한 시장이다. 그럼에도 관광객이 많이 찾아오는 덕분에 재래시장 상인들은 이곳에서 상당한 수입을 올리는 편이다. 재래시장 부근에는 관광객을 대상으로 식당을 여는 요리사가 많다. 이곳 요리 중에서 각종 야채와 고기를 함께 넣어 만든 우리나라의 덮밥과 비슷한 '꾸스 꾸스'란 요리가 인기를 얻고 있다. 튀니지에서 요리사는 고가의 요리를 판매하면서 상당한 소득을 올리는 직업이므로 유망 직업이다.

남한의 약 7배에 달하는 국토를 가진 나라. 말을 타고 여행을 하거나, 정복 전쟁을 하던 용사가 많았던 나라. 정복의 역사를 썼던 유목민의 나라. 역사적으로 보면 13세기 초에 몽골 제국을 수립하고, 주변 국가를 차례로 정복해 역사상 유례없는 대제국을 이루었던 칭기즈 칸의 나라. 바로 몽골이다.

몽골하면 드넓은 초원과 승마를 빼놓을 수 없다. 승마 기수는 몽골에서는 인기 직업이지만 유망 직업은 아니다. 승마가 그렇게 상업적으로 번창한 나라가 아니기 때문이다. 승마 기수는 몸이 가벼워야 좋다는 말이 있어서인지 어린이들이 재미로 기수로 참가하는 경우가 많다.

요즘에는 남성 3종 경기를 하는 몽골 사람이 늘어나고 있다. 이런 경기를 하면서 몽골 사람들은 축제를 즐기곤 한다. 몽골 사람들은 축제를 좋아한다. 1921년 7월 21일부터 시작된 '나담 축제' 또한 몽골의 대표적인 축제다. 하얀 깃발을 세움으로써 시작되는 나담 축제는 몽골 인구 260만여 명에 이르는 거의 모든 남녀노소가 함께 즐기는 큰 축제다. 몽골 사람들은 사흘간 나담 축제를 진행한다. 푸른 초원을 넘나들면서 고기도 구워 먹고 각종 행사를 하면서 나름의 축제를 즐긴다. 몽골에서는 축제 기간에 매출이 늘어나는 가게가 많다. 그래서 축제를 기획하고 내용을 운영하는 축제 프로그래머가 되기를 바라는 몽골의 청년이 늘어나고 있다. 앞으로 축제 프로그래머가 유망한 직업으로 떠오를 것이다.

직업만족도 : ★★★★
소득 수준 : ★★★★
미래 전망도 : ★★★★
핵심 능력 : 기획력, 창의력, 마케팅 능력, 순발력, 추진력, 커뮤니케이션 능력
관련 학과 : 이벤트경영학과, 이벤트과, 이벤트연출과
도움이 되는 과목 : 이벤트 연출, 여가학, 민속학
관련 진출 분야 : 축제 조직위원회, 전시회

## 차량 딜러

요즘 몽골에서는 중고차 딜러가 활발하게 활동하고 있다. 앞으로도 이런 흐름은 지속되면서 차량 딜러는 유망 직업으로 성장해 갈 것이다

## 부동산 중개인

몽골의 도시에 들어서면 크지는 않지만 러시아풍 건물이 많다. 인구가 적어서 지금까지는 부동산 중개인이 할 일이 많지 않았지만 앞으로는 전망이 밝다. 이곳을 여행하는 외국인이 점차 늘어나면서 몽골에 투자하려는 사람이 많아지고 있기 때문이다.

## 관광가이드

몽골의 국립공원 테를지는 끝없이 펼쳐진 초원과 아름다운 자연 풍경, 몽골전통집인 게르 체험, 말타기 등을 즐길 수 있는 청

정자연 관광지로 떠오르고 있다. 그래서 신혼여행지로 각광받으며 많은 관광객이 몰려들고 있다. 이런 추세에 힘입어 몽골에서 관광가이드가 유망 직업으로 떠오르고 있다. 자연 그대로의 풍경을 지닌 몽골의 매력 때문에 여행하는 사람이 늘어나고 있는 데다 현금을 만지는 경우가 많기 때문이다.

미술관에서는 다양한 종류의 미술품이 수시로 전시된다. 전시를 할 때마다 콘셉트를 잡고 미술품을 적당한 자리에 배치하는 등 전시 연출을 해야 하는데, 이런 일을 하는 사람을 미술관 전시디렉터라고 부른다. 이들이 하는 일이 전시의 전체적인 그림을 그리는 일이다. 따라서 이론적인 배경을 탄탄하게 쌓은 후에 전시디렉터가 되는 것이 일반적이다.

영국의 경우 미술품이 많아서 그것의 가치를 평가해서 전시하는 일은 상당히 방대한 작업이다. 이런 방대한 작업을 하나의 플랜으로 만들어서 진행하기 위해서는 미술사적인 지식이 뒷받침되어야 한다. 예를 들면, 독일을 대표하는 작가이자 회화의 새로운 획을 그은 현대미술의 거장 게르하르트 리히터의 작품이 왜 최근에 들어 미술품 거래시장에서 최고가를 기록하는지에 대한 배경을 조사하는 일부터 시대별, 작가별 미술품의 특징과 가치 등에 대해 잘 알고 있어야 하는 것이다.

한국의 경우도 마찬가지다. 만약 화가 이중섭의 '황소'라는 작품을 가지고 전시회를 기획한다면, 전시디렉터는 이중섭 화가의 전시회를 열기 위해 화가의 마음으로 들어가서 미술품을 해석하고 그것을 통해서 좋은 전시회를 열 수 있도록 최선의 준비를 해야 한다.

전시디렉터라면 미국 뉴욕의 구겐하임 미술관과 같은 곳에서 일하고 싶어 할 것이다. 하지만 그런 기회를 잡는 것은 생각만큼 쉽지 않다. 전시디렉터 자리는 보수는 높지만 일자리 수가 적고 공석이 잘 나오지 않는 편이다. 프랑스에서 전시디렉터가 유망 직업인 이유는 우리가 잘 알고 있는 고갱, 모네, 밀레는 물론이고 스페인 출신이지만 프랑스 미술에 영향을 받아 파리로 간 피카소까지 훌륭한 화가와 작품이 많아서 전시행사가 매우 많이 열리기 때문이다.

미술사에서 피카소는 빼놓을 수 없는 명장이다. 그의 작품은 많은 사람에게 사랑받고 있어서 여러 미술관에서 전시회를 기획하고 있다. 전시기획을 할 때에는 고려해야 할 사항이 상당히 많다. 피카소의 주변에 많은 여성이 있었다는 점도 자주 회자되기는 하지만, 그가 높은 명성을 지닌 이유는 그것 때문만이 아니다. 피카소가 1932년에 그린 작품인 '누드, 녹색잎과 상반신'은 2010년 5월에 1억 640만 달러에 거래되어 세계 미술품 경매시장에서 2년간 최고가를 기록하기도 했다. 이런 고가의 낙찰 가격은 충분히 이슈가 될 만하다. 이 작품은 제목에서 느낄 수 있듯이 다소 선정적인 이미지를 주기도 하지만 뛰어난 예술성 때문에 최고가로 낙찰될 수 있었던 것이다. 이처럼 유명 화가의 전시회를 기획한다면 여러 가지 사항을 고려해 철저한 준비가 필요하다.

직업만족도 : ★★★

소득 수준 : ★★★

미래 전망도 : ★★★

핵심 능력 : 전시회 기획, 작품 수집 및 관리

관련 진출 분야 : 미술관

도움이 되는 과목 : 고고학, 고고미술사학, 미학, 미술 경영학, 미술 기획론

관련 자격증 : 미술관 정학예사

세상에 등장한 지 100년이 넘은 영화는 지금도 여전히 인류가 좋아하는 하나의 문화임이 틀림없다. 영화를 만들기 위해서는 여러 가지 요소가 필요하지만 그중에서 시나리오의 중요성은 아무리 강조해도 지나치지 않다. 영화와 관련된 많은 직업이 있지만 그중에서 관련 유망 직업으로 영화 시나리오 작가를 꼽을 수 있다. 인도에서는 영화 관련 산업이 성장세에 있다. 춤과 노래가 어우러진 인도 고유의 특색이 담긴 인도 영화(발리우드)가 세계적으로 인기를 얻고 있어 제반 시설이 많이 갖춰져 있지는 않지만 사업성이 좋아 투자가 많이 될 것으로 전망되기 때문이다.

시나리오 작가란 영화의 줄거리를 구성하는 사람을 말한다. 시나리오 작가가 되려면 이야기 전개 과정을 알아야 한다. 기승전결의 구성을 갖추고 영화 러닝타임인 120분 정도의 스토리를 만들어야 한다. 하지만 무작정 재미있는 이야기를 쓰기보다는 제작 여건을 고려하면서 글을 써야 한다. 때문에 영화를 많이 보고 영화에 대해서 잘 알아야 한다. 영화감독이 현장에서 시나리오를 작성하면서 직접 영화 제작을 하기도 하는데 이 경우는 감독 겸 영화 시나리오 작가로 일하는 것이다.

시나리오 작가의 수입은 천차만별이다. 보통은 자신이 쓴 시나리오가 영화사에 채택되어 영화를 제작하게 되면 수입을 얻는다. 영화 제작으로 채택되는 것이 별로 없으면 시나리오 작가의 수입도 적어진다.

　감독이 시나리오 작가를 겸해서 하는 경우에는 영화사와 러닝 개런티로 계약을 해 영화 관객이 늘어날 때마다 정해진 금액이 작가에게 입금된다. 하지만 이런 방식으로 영화 시나리오 작가의 일을 하는 사람은 소수일 뿐이다. 대부분 편당 얼마의 작품비를 받고 시나리오를 팔아 수입을 얻는다.

## 〈영화 시나리오 작가〉가 되기 위한 준비　TIP

시나리오 작가가 되고 싶다면 연극 영화과에서 영화에 대한 공부를 하고 작가의 길을 가도 된다. 그러나 이런 코스만이 좋은 영화시나리오 작가가 될 수 있는 길은 아니다. 인물의 캐릭터 창출, 대사의 구성, 이야기의 배경, 영상을 만들어 내는 방법 등이 영화와 잘 어우러져야 한다.

**직업만족도** : ★★★★★
**소득 수준** : ★★★★
**미래 전망도** : ★★★★★
**핵심 능력** : 상상력, 문장력, 세밀한 관찰력과 호기심
**관련 학과** : 문예창작과, 극작과
**도움이 되는 과목** : 영화 작가론
**관련 진출 분야** : 프리랜서, 영화사

　최근에는 자동차 디자인이 자동차 판매에 주는 영향력이 더욱 높아지고 있다. 작은 디자인의 차이로 판매량이 달라지게 되기 때문이다. 요즘 소비자들은 승차감이 좋고 멋진 디자인의 차를 선호한다. 기술적인 면도 물론 중요하지만 베스트셀러 자동차가 되기 위해서는 디자인이 좋아야 한다. 업계에서는 소음이 적고 안전하면서도 디자인적으로 아름답고 매력적인 자동차를 만들려고 노력한다.

　이런 디자인은 자동차 디자이너에 의해서 창안된다. 특히 미국에서는 자동차의 기술적인 측면보다는 디자인을 보고 구매하는 소비자가 많아서 자동차 디자인 산업에 많은 투자를 하고 있다. 그래서 실력 있는 자동차 디자이너는 수입이 높은 편이다.

　자동차 디자이너는 자동차의 외관뿐만 아니라 실내도 디자인한다. 수많은 자동차를 보고 공부하면서 생산 공정에서 실현시킬 수 있는 편리하고 실용적인 실내를 디자인하는 것이 디자이너의 역할이다. 물론 자동차의 크기에 따라서 단순한 인테리어가 좋을 수도 있다.

　자동차 디자이너는 자동차 회사에서 일하면서 정해진 보수를 받는다. 금전적으로 성공하고 싶은 몇몇 디자이너들은 이 분야에서 일하다 창업을 하기도 한다. 자동차 디자인 회사를 차리고 자동차 회사에서 수주를 받아 일한다. 이런 경우, 보수는 건당 얼마

로 하고 디자인한 자동차가 시장에서 인기를 얻으면 러닝 개런티
로 얼마를 받는 식이다.

러닝 개런티 계약을 하는 경우 능력에 따라 수입을 올릴 수
있다. 이런 방식으로 일하면 히트 자동차 디자인이 많을수록 많
은 돈을 벌게 된다.

## 〈자동차 디자이너〉가 되기 위한 준비 TIP

대학의 자동차학과에서 공부하는 것도 자동차 디자이너가 되는
하나의 방법이지만, 미대의 디자인 학과에서 공부하는 것이 더
적합할 수도 있다. 디자인 조형학과에서 디자인 심리학, 디자인
조형학 등을 공부하는 것도 도움이 될 것이다. 자동차의 외부 디
자인에서는 색채가 핵심을 차지한다. 그래서 자동차 디자이너가
되기 위해서는 색채학을 함께 공부하는 것이 좋다. 색에 대한 감
각을 익히는 것은 소비자에게 선택받는 멋진 자동차를 디자인하
는 데 큰 도움이 될 것이다. 또한 자동차 전시회를 둘러보는 일
을 게을리해서는 안 된다. 전시회에는 많은 자동차 회사가 참여
하기 때문에 다른 회사의 자동차 모델을 촬영해서 탐구하고 장
점의 극대화를 위해서 무엇을 할 것인지에 대해 깊이 고민하는
작업이 필요하다.

미국의 아트센터에 가서 2년 과정으로 자동차 디자인 실기를 열정적으로 준비하는 것도 좋다. 이런 과정에서 드로잉, 자동차 디자인의 실제, 자동차의 CAD 기술 등을 응용해 직접 자동차를 설계하는 시간을 충분히 갖는 것도 좋다.

직업만족도 : ★★★★
소득 수준 : ★★★★
미래 전망도 : ★★★
핵심 능력 : 조형미, 미적 감각, 창의성, 트렌드 분석
관련 학과 : 공업디자인과, 산업디자인과
관련 자격증 : 제품디자인산업기사

책을 만드는 일 중에서 편집부분을 맡아 하는 사람을 북 편집디자이너라고 한다. 저자가 원고를 가져오면 책을 펴내기 쉽게 편집하는 일을 한다. 인터넷출판이 대중화되면서 기존의 직업 환경이나 여건이 달라지기는 했지만 이 분야의 전문가는 여전히 중요한 영향력을 가진 인재로 평가받고 있다. 같은 글이라도 편집을 잘하고, 출판 시기를 잘 맞추면 수십만 권의 책이 팔려나가기 때문이다.

책의 디자인, 각종 표와 통계자료 들을 배치하는 일도 북 편집디자이너의 영역이다. 때로 휴일도 반납하고 일을 하면서 책의 출간 시기를 맞춰야 하는 경우도 생긴다. 또한 읽는 이의 입장을 생각해서 보다 쉽게 책을 읽을 수 있도록 편집하는 기술도 있어야 한다.

지금은 디지털 시대인 만큼 종이로 된 책이 아닌 디지털기기로 책을 읽는 사람이 늘어나고 있다. 많은 사람이 언제 어디서나 자신이 원하는 책을 선택해서 바로 읽을 수 있게 되었다. 디지털 형태로 유통되는 책으로 PC나 PDA, 전용 단말기 등을 통해 볼 수 있는 책을 E북이라고 한다. 종이책 판매 시장이 불황이라고는 하지만 아직도 종종 수십만 권의 책이 팔리는 경우가 있기 때문에 E북 시장의 전망도 매우 밝다. 특히 미국에서는 E북 소비가 활발하게 이루어지고 있다. 그래서 E북 관련 직종의 직업 전망이 밝다. 그중에서 E북 편집디자이너는 유망 직업으로 꼽힌다. 디지털 기기의 사용이 대중화되어 누구나 쉽게 E북을 접하고 즐길 수 있는 미국에서 E북 편집디자이너의 유망세가 더 오래 지속될 것으로 보인다.

## 〈E북 편집디자이너〉가 되기 위한 준비     TIP

E북 편집디자이너가 되기 위해서는 출판 편집학과에서 공부하는 것이 좋다. 레이아웃, 편집의 이론과 실제, 편집의 흐름, 편집 디자인의 성공 요소들을 배우고 터득해야 한다. 그래야 실무에서 어려움 없이 일할 수 있다. 출판마케팅을 학습하면서 최근의 출판 트렌드는 무엇인지를 찾아내서 시대에 꼭 필요한 책을 출판하는 것도 가치 있는 일이다.

직업만족도 : ★★★★
소득 수준 : ★★★
미래 전망도 : ★★★★
핵심 능력 : 타이포그래픽, 색채 감각, 조형 감각
관련 학과 : 출판학과, 시각디자인학과
도움이 되는 과목 : 출판학, 시각디자인학, 컴퓨터디자인학, 타이포그래픽
관련 진출 분야 : 출판, E북 유통
관련 자격증 : 시각디자인산업기사, 시각디자인기사, 컴퓨터그래픽스운용기능사

　사실 우리나라에서는 음악 저작료나 로열티에 대한 개념이 생긴 지 그리 오래되지 않았다. 로열티란 지적 재산권자가 받는 일종의 특허권료를 말한다. 다행히도 1988년 서울올림픽이 열리는 과정에서 음원 작곡에 대한 저작권을 보호하는 제도가 생겨났다. 덕분에 그 후로 영화음악, 무용음악, 대중음악 등의 분야에 종사하는 작곡가들은 작곡에 대한 로열티를 받게 되었다. 지금은 모든 작곡가가 로열티를 받으며 일하고 있다. 작곡가는 자신이 작곡한 노래가 히트하면 지속적으로 작곡료를 받게 된다. 물론 작곡료만으로 생활하는 전업 작곡가로 성공하기는 결코 쉽지 않지만 작곡가라는 직업에 대한 대우가 예전보다 훨씬 좋아진 것은 사실이다.

　작곡가는 수입원에 따라 레코드사에 속해서 작곡을 하며 작곡 로열티 외에 음반사에서 일정한 보수를 받는 전속 작곡가와 자유롭게 작곡을 하고 음반사에 속하지 않으면서 작곡을 하는 자유 작곡가로 나눌 수 있다. 환경이 많이 좋아졌다고는 하지만 우리나라에서는 아직까지 작곡가들은 수입의 편차가 심한 편이다. 또한 여전히 디지털상에서 음악을 불법으로 다운로드해서 듣는 사람이 많아 음악 관련 직업의 수입이 낮은 편이다.

　반면에 이탈리아에서는 음악에 대한 로열티를 지불하는 것이 당연시된다. 이들은 음악을 사랑하고 즐기며, 값을 지불하고 음악을 듣는 것이 당연한 일이라고 생각한다. 그래서 이탈리아에서 작곡가는 유망 직업이다. 이탈리아의 작곡가는 활동 범위도 비교적 넓고 대우도 다른 나라에 비해 좋은 편이지만 혼자서 음악을 만들어 내는 창조적인 직업이다. 이런 직업을 가지려면 인생의 고뇌와 외로움을 극복하는 지혜가 있어야 한다. 그리고 그런 느낌들을 음악을 통해 자신만의 스타일로 표현하는 능력이 있어야 한다. 오선지상에 음표로 음악을 창조하는 일은 엄청난 자기 절제와 감정 표현이 필요한 일이다.

## 〈작곡가〉가 되기 위한 준비  TIP

작곡가가 되려면 리듬을 알고, 시대의 정서와 통해야 한다. 그래야 작곡을 할 수 있다. 대중가요, 팝, 리듬 앤 블루스 등 어떤 음악이라도 대중과 통해야 진정한 음악이라 할 수 있다. 거기에 더하여 음악의 유행 흐름도 알아야 좋은 작곡이 가능하다.

작곡가 중에는 대학을 졸업하지 않고 만든 노래가 히트해 활동하는 사람들도 있다. 하지만 실용음악과에서 화성학, 대위법, 작곡학, 음악의 역사, 시창, 청음 등을 배우면 많은 도움이 될 것이다. 일반 음대의 기악과, 작곡과, 성악과에서 공부한 후에 대중가요를 작곡하는 일에 도전하는 것도 좋다.

직업만족도 : ★★★★

소득 수준 : ★★★★

미래 전망도 : ★★★★

핵심 능력 : 창의적 사고, 악곡의 형식 분석 능력, 리듬감, 화성감, 표현력

관련 학과 : 작곡과, 음악과, 실용음악과

도움이 되는 과목 : 작곡학

관련 진출 분야 : 창작활동(작곡가), 광고음악, 방송음악, 교회음악, 편곡,
음악감독

남아메리카 대륙의 북서쪽 끝에 있는 나라. 남미에서 경치가 아름답기로 이름난 나라. 남미에서도 유난히 농부가 많아서 들판에서 일하는 농부를 쉽게 볼 수 있는 나라. 바로 콜롬비아다.

세계적으로 공업이 많이 발전했지만 남미에는 아직도 농업을 위주로 하는 나라가 많다. 농사짓기 좋은 땅과 기후 조건을 가진 나라가 많기 때문이다. 그중 하나가 바로 콜롬비아다. 이 나라에서는 농부가 가장 만나기 쉬운 직업이다. 하지만 농부는 콜롬비아의 유망 직업은 아니다. 콜롬비아에는 들만큼이나 숲이 많다. 숲에는 광산 자원이 많은데, 특히 보석이 많이 나기로 유명하다. 여러 보석 중에서도 에메랄드가 많이 나는데, 전 세계의 에메랄드 중 50퍼센트가 넘는 양이 콜롬비아에서 생산된다. 보석의 기초가 되는 원석(原石)이 많이 나는 광산이 많아서 보석디자이너의 직업 전망이 밝다.

보석디자이너란 다이아몬드, 사파이어, 에메랄드, 금 등의 보석을 이용해 아름다운 장신구나 액세서리를 디자인하는 사람을 말한다. 보석의 원석을 감정하고 보석 액세서리의 전체 모형과 보석 세공에 대한 정밀 묘사 즉, 렌더링을 감독하는 일도 보석디자이너의 역할이다. 콜롬비아의 에메랄드는 각국으로 수출되어 많은 수익을 올린다. 보석이 많다고 해서 콜롬비아 사람 모두가 부유하게 사는 것은 아니기 때문에 국내 수요가 많지는 않지만 외국인 관광객에게 보석을 팔기도 하고 수출하기도 하면서 수익을 낸다.

직업만족도 : ★★★★
소득 수준 : ★★★★
미래 전망도 : ★★★★★
핵심 능력 : 보석의 특징과 성질 이해, 유행과 추세 파악, 시장조사 능력, 미적 감각, 그래픽 능력, 정교한 동작, 공간지각력
관련 학과 : 금속공예, 금속공예디자인 관련 학과
관련 진출 분야 : 쥬얼리 브랜드 업체, 패션 브랜드 업체
관련 자격증 : 귀금속산업기사, 제품디자인산업기사

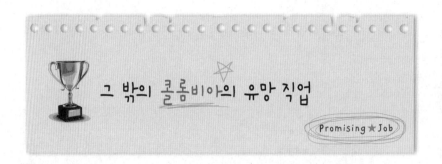

## 축구 선수

남미의 축구 열풍으로 이 나라에서도 축구 선수가 유망 직업
이다.

# 공연, 미디어, 관광 분야

이 분야는 매우 활동적이고 많은 사람과 어울리는 특성이 있으므로 활달하고 사교적인 성향을 가졌다면 즐겁게 일할 수 있을 것이다.

베트남은 지정학적 특성 때문에 외국의 침략과 지배를 자주 받아왔다. 프랑스로부터 해방된 후 20년에 걸친 남북 전쟁까지 많은 고난을 겪었지만 현재는 현대화를 이루는 속도를 높이면서 경제 부흥을 일으키기 위해 열심히 노력하고 있다.

경제 부흥으로 어느 정도의 소비가 가능해지고, 외국인 관광객 유치가 활발해지면서 나타난 직업이 바로 호텔의 예술 활동을 통해서 관광객들의 상상력을 무한히 자극하는 호텔 이벤트 전문가다.

베트남은 이벤트를 좋아하는 나라다. 게다가 호텔의 이벤트는 관광객을 효과적으로 유인할 수 있는 훌륭한 수단이자 호텔 이미지를 높일 수 있는 방법이다. 그래서 베트남 호텔 내에서의 행사 담당자는 분주하다. 베트남처럼 이벤트를 즐기는 문화에서 호텔 마케팅 전략으로 떠오르고 있는 이벤트를 진행하는 전문가는 전망이 상당히 높다. 상상력과 아이디어를 다양하게 지닌 이들에게 유리하며, 기획력과 마케팅 능력이 필요하다.

캠핑 설치 디자이너 같은 직업도 베트남의 국민소득이 올라가면서 호텔의 이벤트 전문가로 성장할 수 있는 가능성이 커지고 있다.

직업만족도 : ★★★★

소득 수준 : ★★★★

미래 전망도 : ★★★★

핵심 능력 : 기획력, 창의력, 마케팅 능력, 순발력, 추진력, 커뮤니케이션 능력

관련 학과 : 이벤트경영학과, 이벤트과, 이벤트연출과, 컨벤션산업과

도움이 되는 과목 : 이벤트마케팅론, 축제이벤트론, 호텔마케팅론

관련 진출 분야 : 호텔, 리조트, 이벤트기획사

관련 자격증 : 컨벤션기획사

정보를 얻을 수 있는 홈페이지나 기관 : 주한 베트남 대사관(02-738-2318)

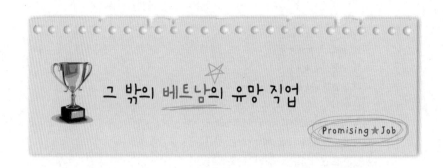

그 밖의 베트남의 유망 직업

Promising ★ Job

### 수력발전 엔지니어

베트남에는 메콩 강을 비롯해 수력발전을 하기 좋은 강이 많다. 그래서 수력발전 분야의 직업 전망이 밝다. 그중에서도 수력발전 엔지니어가 인기다. 이들은 수력을 이용해서 전기를 만드는 일을 한다. 베트남은 아직도 에너지가 많이 부족하기 때문에 이들의 일은 전망이 좋다. 더욱이 세계은행이 베트남 북부지역 전력 부족을 보완해 주고자 3억 3000만 달러의 차관을 승인하고 지원을 시작한 후로 미래 전망은 상당히 밝다.

### 의류 디자이너

베트남에는 브랜드 의류 공장이 많다. 특히 메콩 강 유역의 띠엔장(Tiengiang)에는 지금도 많은 의류 공장이 생기고 있다. 이곳에서는 주문자 생산 방식으로 의류를 제작한 후 다시 다른 나라로 수출하는 방식으로 일이 진행되고 있다. 덕분에 베트남은 의류 디자이너들이 일하기 좋은 나라로 성장하고 있다.

## 호텔리어

베트남의 명소인 '하롱베이'는 유럽인들이 인정하는 절경을 지닌 관광지다. 하롱베이를 비롯해 여러 베트남 명소를 보기 위해 관광을 오는 외국인이 많아지고 있다. 한국에서도 2011년 부산과 호치민, 부산과 하노이 노선이 새로 생기면서 많은 사람이 베트남으로 여행을 간다. 이런 변화들로 베트남에는 더 많은 호텔이 생기게 될 전망이다. 그래서 호텔리어의 직업적인 전망이 매우 밝다. 지금보다 더 좋은 조건으로 일할 수 있을 것으로 기대를 받으며 유망 직업으로 성장하고 있다.

## 건축가와 상하수도 기술자

프랑스의 오랜 식민 지배를 받은 베트남에는 유럽풍의 건축물이 많다. 또한 미국과 긴 전쟁을 치른 흔적으로 훼손된 건물이 많은데, 베트남 관리들은 국가 예산을 활용해 이런 건축물을 복원하는 일을 하곤 한다. 이제는 전쟁을 하지 않으려는 평화의 기운이 가득해지면서 베트남의 건축 산업은 활기를 띠고 있다. 호텔, 고건축물, 주택, 아파트 등이 새롭게 지어지는 중인데 새로운 건축물에 들어갈 상하수도의 기술자가 유망 직업이다. 베트남에는 비가 자주 내리는데 물이 잘 빠지지 않아서 상하수도 기술자가 꼭 필요하기 때문이다.

## 부동산 개발 전문가

베트남은 이제 역사의 앙금을 풀고 미국 자본도 많이 받아들여 투자를 진행하고 있다. 이로 인해 베트남에서는 부동산 개발 전문가와 같은 전망이 밝은 신규 직업이 생겨났다. 최근에는 하노이 부근의 땅값이 급등하면서 투자금이 베트남의 주요도시로 몰려들고 있다. 이런 상황에서 리스크와 찬스를 동시에 만나는 부동산 개발 전문가의 직업적 전망이 밝다.

## 수상인형극 연출가

베트남 하면 메콩 강을 빼놓을 수 없다. 오랜 역사 속에서 베트남 민족에게 많은 먹을거리와 볼거리를 제공하는 곳으로, 우리나라로 치면 한강과 비슷하다. 이런 메콩 강을 중심으로 많은 사람이 여러 가지 직업을 갖고 있는데 요즘 부상하는 직업으로 수상인형극 연출가를 꼽을 수 있다. 수상인형극은 강 근처에서 여가를 즐기려는 이들에게 제공되는 볼거리로, 베트남에는 비가 자주 내려 수상에서 공연하기가 좋다. 게다가 베트남에서만 볼 수 있는 특색 있는 공연이어서 관광객들에게 인기가 많다.

수상인형극 연출가는 이야기의 기승전결을 만들어 가고, 인형극을 잘 할 수 있도록 뒤에서 연출하는 일을 한다. 많은 연출 지식을 축적해야 하고, 연출 지식이 결코 쉽게 얻어지는 것이 아니기 때문에 수상인형극 연출가가 되기는 쉽지 않다. 하지만 어려운 직업인만큼 되기만 한다면 안정적으로 오래 일할 수 있으며 수입도 괜찮은 편이다.

밭에서 밀을 재배하고 논에서 벼를 수확하는 농부가 많은 나라. 농산물로 국제적인 거래를 해서 많은 수익을 창출하는 기술을 가진 나라. 농산물로 후진국을 도우며 적당히 생색도 내면서 식량 외교를 펼칠 줄 아는 나라. 51개의 주(州)가 하나의 국가를 이룬 나라. 바로 미국이다.

기회가 열려 있는 자유의 땅 미국에서는 현재 유망한 직업으로 파티 플래너가 떠오르고 있다. 미국에는 파티를 즐기는 배우가 많다. 이처럼 파티를 즐기는 사람이 많고, 파티가 많은 미국은 파티 플래너가 활동하기 좋은 나라다. 파티 플래너는 파티를 좋아하는 사람들에게 만족스러운 파티를 열어 주기 위해 파티 준비 의뢰를 받으면 먼저 파티의 콘셉트를 생각한다. 다음은 파티의 내용과 시간, 비용을 계산하는 일을 한다. 파티를 할 때에는 꽃장식을 많이 하기 때문에 화훼 자격증을 따면 도움이 된다.

| | |
|---|---|
| 직업만족도 : ★★★ | |
| 소득 수준 : ★★★ | |
| 미래 전망도 : ★★★★ | |
| 핵심 능력 : 파티 기획, 푸드 스타일링, 테이블 코디네이팅, 커뮤니케이션 | |
| 관련 학과 : 파티플래너학과 | |
| 도움이 되는 과목 : 이벤트론, 화훼농업학, 컨벤션학 | |
| 관련 진출 분야 : 이벤트, 행사기획 | |
| 관련 자격증 : 파티 플래너, 컨벤션기획자 | |

 그 밖의 미국의 유망 직업

Promising ★ Job

## 퍼레이드 플래너

미국인들은 행진 등을 하면서 보여 주기를 즐긴다. 그래서 미국에서는 거리에서 열리는 퍼레이드 행사가 많다. 다양한 민족이 모인 나라라는 특성상 각 민족의 기념일을 맞이하여 고유의상을 입고 퍼레이드를 하기도 한다. 또한 매년 크리스마스 때 트리 점등(點燈)후에 각종 퍼레이드를 한다. 이런 퍼레이드를 기획하는 사람이 바로 퍼레이드 플래너다. 퍼레이드 플래너는 퍼레이드에서 보여 줄 것을 선택하고, 퍼레이드를 만들기 위해 필요한 비용을 조달하는 일을 한다.

지금은 경기가 침체되었고, 다소 불황이기 때문에 미국의 교민들이 퍼레이드를 기획할 때 저비용으로 예산을 잡지만 이런 모든 상황에서도 다채롭고 풍요로운 퍼레이드를 볼 수 있는 것은 바로 퍼레이드 플래너 덕분이다.

## 영화 관련 직업

　미국만큼 영화산업과 연관된 직업이 발달한 나라도 찾기 힘들다. 이를 테면 예술영화 상영관 오퍼레이터를 들 수 있다. 예술영화만을 상영하는 전문가를 말한다. 미국에서는 상업영화를 극장에서 주로 상영하기 때문에 예술영화 분야가 관심을 받고 있다. 또 1920년대부터 만들어진 할리우드의 영향으로 영화배우 또한 유망 직업이 되었다.

## 영국의 공연기획자

위풍당당 행진곡, 첼로 협주곡, 수수께끼 변주곡 등을 작곡한 음악가 에드워드 엘가(Edward Elgar)가 태어난 나라. 팝음악의 대가인 롤링스톤스가 활동했던 나라. 바로 영국이다.

비틀스의 고향인 리버풀에 가면 알 수 있듯이 영국은 음악이 발달한 나라다. 영국만큼 공연이 많은 나라도 드물다. 또 밴드가 많아서 소규모 공연도 많이 열린다. 맨체스터 시내 중심에는 공연 기획자들이 만든 피카딜리 공원이 있는데, 주말에 시장이 열리기도 하며 크고 작은 행사가 많이 이루어진다. 공연이 많이 열리는 만큼 공연 문화와 매너가 발달한 영국에서는 공연을 즐기는 모든 사람이 알맞은 비용을 지불한다. 덕분에 경제적인 어려움 때문에 음악을 포기하는 사람이 거의 없고, 사람들은 음악을 하는 사람에게 호의적인 편이다. 그래서 공연기획자는 물론이고 뮤지컬 가수나 무대의상 디자이너와 같은 음악 관련 직업들의 전망이 밝다.

직업만족도 : ★★★★
소득 수준 : ★★
미래 전망도 : ★★★
핵심 능력 : 작품 평가, 홍보 및 마케팅 능력
관련 학과 : 공연기획학과, 영상학과, 예술경영학과, 공연이벤트학과
도움이 되는 과목 : 공연기획학, 영상학, 예술경영학, 공연이벤트학
관련 진출 분야 : 뮤지컬, 연극 등 공연기획사

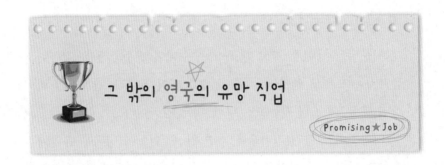

### 펍(Pub) 운영자

영국은 전통을 좋아하는 데다가 최근 복고 열풍이 불고 있다. 의상이나 기기뿐 아니라 음식도 복고풍이 장사가 잘된다. 그중에서 펍의 인기가 높다. 영국 사람들이 주로 맥주를 마시는 공간을 펍(Pub)이라 하는데, 곧 영국의 선술집이다. 이곳은 간단하게 술을 마시는 공간이지만 100년이 넘는 전통을 자랑하는 펍이 많다. 이전의 영국 역사를 복원하고 싶은 마음 때문인지도 모르겠다. 영국사람들은 전통을 좋아해서 그 자부심으로 펍을 운영한다.

### 공무원

영국의 각 도시에 있는 시청은 시설도 좋고 다양한 조각품과 회화 작품이 전시되어 있어 매우 아름답다. 시청 공무원은 이렇게 아름다운 환경에서 보장된 정년까지 일할 수 있고, 비교적 안정성이 높은 직업이어서 선망의 대상이다.

## 🎖 미국의 방송 아나운서

라디오, 텔레비전에서 뉴스를 말하거나 방송을 진행하는 이들을 방송 아나운서라고 한다. 아나운서는 공인이기 때문에 자신의 말에 대한 책임을 져야 한다. 그래서 한마디를 하더라도 분별력과 객관성을 갖고 말해야 한다. 또한 의상의 자유가 없는 것은 아니지만 아무 옷이나 입고 방송에 출연할 수는 없다. 공인의 위치에 걸맞은 차림을 갖춰야 한다는 뜻이다. 그리고 아나운서는 표준말을 써야 한다. 표준어로 말을 하지 않고 사투리로 말하면 아나운서가 되기 어렵다. 하지만 이런 어려운 점이 있음에도 불구하고 아나운서는 충분히 매력적인 직업이다. 뉴스를 알려줄 때에는 기자가 작성한 뉴스를 그대로 전달하지만, 진행을 하는 경우에는 자기가 말하는 내용이 작가의 원고 내용을 크게 벗어나지만 않는다면 재량껏 자신의 멘트를 넣을 수 있으며 직업적인 대우나 근무 환경이 매우 좋은 편이다. 다만 수요가 많지 않아서 아나운서로 뽑히기가 어려운데, 미국에서는 많은 사람이 TV를 즐겨 보는 것은 물론 채널도 많고 프로그램도 다양해 채용이 활발한 편이다. 그래서 언어적인 문제만 해결된다면 미국에서 도전해 볼 만한 직업으로 아나운서를 꼽는다.

아나운서가 되기 위해서는 여러 가지 테스트를 거치는데 지필시험은 물론 카메라 테스트를 포함한 실기시험도 합격해야 한다. 보통은 일정한 뉴스를 주고 카메라 앞에서 말하게 한다. 주변에서 10여 명의 부장급 아나운서 및 프로듀서들이 평가를 한다. 오디오와 함께 비디오도 테스트한다. 음성, 음색, 표정을 동시에 보는 것이다. 미국의 방송 아나운서가 되기 위해서는 영어를 비롯한 기본적인 준비와 함께 상대의 말을 경청하면서 신뢰를 줄 수 있는 대화법에 대해 공부하면 도움이 될 것이다.

직업만족도 : ★★★★
소득 수준 : ★★★★★
미래 전망도 : ★★★★
핵심 능력 : 스피치 능력, 순발력, 집중력
관련 학과 : 신문방송학과, 언어학과
도움이 되는 과목 : 언론학, 커뮤니케이션
관련 진출 분야 : 아나운서, 캐스터, 리포터
지원하는 방법 : 방송국 공채 시 지원(리포터로 경력을 쌓은 후 시험을 보는 것이 유리)
정보를 얻을 수 있는 홈페이지나 기관 : 각 방송국 홈페이지

축구선수의 역량은 분석 대상이 된다. 축구 스타일이 다르고 게임에서 좋은 기록을 올리는 계절과 리그가 다르기 때문이다. 이런 것들을 분석해서 축구 선수와 축구 경기에 대한 기사를 전문적으로 집필해서 먹고사는 직업이 바로 축구 칼럼니스트다.

축구 칼럼니스트는 현장 취재를 통해서 선수들의 이모저모를 말해 준다. 축구와 관련된 읽을거리를 만들어 주는 것이다. 예를 들면, 알렉슨 퍼거슨이 왜 프리미어 리그와 유럽의 챔피언스 리그에 강한지 분석해서 이를 기사화할 수 있다. 또 카카가 왜 브라질에서 인기가 높은 선수인지를 현장 취재를 통해서 재미있게 말할 수 있다. 만약 호날두가 레알 마드리드에서 경기를 하기 전에 혼자서 연습하는 모습을 축구 칼럼니스트가 취재를 통해 봤다면 그것을 별도로 분석해서 그가 무회전 킥을 골로 성공시키는 과정을 글로 표현하는 것도 글로벌 축구 시장에서 재미있는 이야깃거리가 될 것이다.

골닷컴의 아시아편집장인 존 듀어든은 축구에 대한 상상력을 담은 칼럼을 쓴다. 그는 축구에 대한 막연한 상상이 아닌 근거가 있는 상상을 한다. 축구에 대해 상상을 하되 사람들의 흥미를 불러일으킬 만한 상상을 하는 것이다. 그는 2014년 박지성 선수가 한국 대표팀 감독 겸 축구선수로 본선에서 경기를 하는 브라질 월드컵을 상상으로 그린 칼럼을 썼다. 물론 실제에서는 박지성 선수가 감독 겸 선수로 경기를 하기는 쉽지 않은 일이지만 재미있고 흥미로운 이야기다. 한국의 축구 칼럼니스트인 서형욱도 재미있는 축구이야기를 많이 하기로 이름난 사람이다. 현장감 넘치는 축구 이야기에 자신만의 분석을 담아 글을 읽는 사람의 마음을 설레게 만들어 축구 마니아들 사이에서는 인기가 높다.

그 밖에도 축구 시장의 연봉, 이적료 산정의 뒷이야기를 알아내서 기사화하는 것도 축구에 대한 흥미를 더할 것이다. 우리나라의 손흥민 선수가 속해 있는 분데스리가에서의 에피소드도 기삿거리가 될 수 있다. 물론 한국과 아시아의 팬들뿐만 아니라 유럽인들 입장에서도 재미있고 좋은 기삿거리를 발굴해야 할 것이다.

칼럼니스트는 스포츠지나 영향력이 높은 종합지의 스포츠 소식 코너에 자신의 글을 올리고 보수를 받는 형식으로 일하기도 하고, 인터넷상에서 축구 칼럼을 전문적으로 기고하는 방식으로 일하기도 한다. 기사를 올리는 데 한 편에 얼마로 해서 고료를 받기도 하지만, 러닝개런티 형식으로 고료를 받기도 한다. 축구 기사의 클릭수가 높다면 그만큼 높은 수입을 올리는 것이다.

독일인들은 축구를 매우 사랑한다. 분데스리가가 존재하기 때문에 축구 경기가 많고, 그만큼 이야깃거리가 많아서 축구 칼럼니스트로 일하기에 여건이 좋다. 독일의 축구사랑이 지속되는 한 독일의 축구 칼럼니스트는 유망 직업이다.

## 〈축구 칼럼니스트〉가 되기 위한 준비

존 듀어든이나 서형욱처럼 마니아들의 사랑을 받는 축구 칼럼니스트가 되고 싶다면 어떤 공부를 해야 할까? 물론 스포츠 이론과 관련된 학과를 공부하는 것이 도움이 될 것이다. 경기지도학부나 사회체육학부를 전공하는 것도 좋겠지만, 반드시 꼭 거쳐야만 하는 것은 아니다. 영국의 포츠머스 대학에서 축구산업학을 전공하거나 리버풀 대학에서 축구 MBA과정을 마치고 국제 축구의 흐름을 공부하면 도움이 될 것이다.

직업만족도 : ★★★
소득 수준 : ★★
미래 전망도 : ★★★★
핵심 능력 : 축구 이해력
도움이 되는 과목 : 축구 경영학
관련 진출 분야 : 분데스리가
관련 자격증 : 축구 심판 자격증
지원하는 방법 : 언론사에 지원
정보를 얻을 수 있는 홈페이지나 기관 : 국제축구연맹(www.fifa.com)

야구는 혼자가 아닌 팀으로 승부를 겨루기 때문에 각종 전술과 예상치 못한 결과에 시간 가는 줄 모르고 즐기게 되는 스포츠다. 야구를 좋아하는 많은 관객이 유명 선수가 보여 주는 훌륭한 경기를 보면서 대리 만족을 느낀다. 관객이 모이면 자본도 함께 모이고 스포츠 시장이 활성화된다. 미국과 일본에는 야구를 좋아하고 즐기는 사람이 많아서 자본이 많이 몰린다. 아직까지는 한국보다 미국이나 일본의 야구시장이 더 넓고 선수들이 활발하게 활동할 수 있다. 거액의 연봉을 받을 수 있기 때문에 야구선수는 해볼 만한 직업이다. 일본에서는 어린이들의 장래 희망 직업 10위 안에 야구선수가 있을 만큼 야구선수라는 직업의 인기와 전망이 좋다. 그래서 한국에서 인정받는 훌륭한 선수가 되면 미국이나 일본의 프로팀으로 진출하는 것이 일반적인 커리어 코스다.

지금은 귀국했지만 선동렬 선수 또한 그런 코스를 밟았다. 육중한 체구의 선동렬 선수는 집중해서 볼을 던지는 투수로 활약하다가 지금은 천부적인 재능과 경험을 바탕으로 팀을 이끄는 감독으로 활동하고 있다.

이 밖에도 우리가 잘 알고 있는 이대호, 류현진 선수도 고액의 연봉을 받고 해외로 진출해 활동하고 있다. 야구 선수의 해외 진출은 이미 오래전부터 있어 왔다. 1960년대 팔 힘이 좋기로 유명했던 백인천 선수는 일본 도에이와 2년간의 계약으로 300만 엔과 연봉 96만 엔을 받으며 선수생활을 했다. 이는 한국 야구사에 기록될 정도로 큰 액수로 당시로서는 서울 돈암동의 좋은 집 8채 이상을 사고도 남는 액수였다고 한다.

류현진 선수 또한 가치를 인정받아 6200만 불이라는 거액의 계약금을 받고 LA 다저스와 계약을 했다. 물론 야구선수의 연봉만이 직업 진로를 선택하는 데 중요한 요소는 아니지만 야구선수가 자기 역량을 더 높이기 위해 노력하도록 의지를 북돋아 주는 역할을 톡톡히 하는 것은 사실이다. 류현진 선수 역시 한국프로야구리그에서 7년간 98승, 52패, 탈삼진이라는 놀라운 기록이 높은 평가를 받아 연봉으로 더해진 것이리라. 이미 진출해서 활동한 박찬호, 추신수 등의 선수가 좋은 경기를 보여준 것도 도움이 되었을 것이다.

직업만족도 : ★★★
소득 수준 : ★★★
미래 전망도 : ★★★
핵심 능력 : 근력, 체력, 스피드, 균형감, 유연성
관련 학과 : 체육학과
도움이 되는 과목 : 체육학
관련 진출 분야 : 프로야구

남서태평양에 있는 섬나라인 뉴질랜드는 북섬과 남섬의 2개 섬으로 이루어진 본토와 그 밖의 작은 섬들로 이루어져 있다. 인구는 적지만 국토가 넓은 이 나라는 아름다운 자연환경과 평화로운 사람들의 모습이 인상적이어서 많은 관광객이 몰려들고 있다.

관광객이 점차 늘어나고 있는 뉴질랜드에서는 여행상품 기획가가 유망 직업이다. 여행상품 기획가는 해양스포츠 체험, 해양박물관 견학, 포후투 간헐천이나 타우포 호수 등 여행객들이 좋아할 만한 뉴질랜드만의 명소를 돌아볼 수 있도록 관광 코스를 기획하는 사람을 말한다.

'포후투 간헐천'은 뉴질랜드의 관광명소로, '포후투'는 마오리어로 '큰 분출' 또는 '폭발'을 의미한다. 뉴질랜드 북섬 로토루아의 화카레와레와 지열계곡에 위치한 포후투 간헐천은 20미터 이상의 연기와 분출물이 보이기도 하고, 15시간 동안 화산활동이 지속되기도 한다.

뉴질랜드의 타우포 호수도 멋진 관광 코스 중의 하나다. 한국의 서울보다 큰 면적을 가진 거대한 이 호수는 화산이 분출하는 과정에서 폭포들을 거쳐서 만들어졌다. 이런 명소들 덕분에 뉴질랜드를 찾는 관광객들은 해마다 늘어나고 있으며 여행상품 기획가가 되고 싶어 하는 젊은이가 많아지는 추세다.

직업만족도 : ★★★★

소득 수준 : ★★★★

미래 전망도 : ★★★★

핵심 능력 : 여행지 정보력, 관광산업에 대한 이해

관련 학과 : 관광경영학과, 국제관광학과, 관광레저학과

도움이 되는 과목 : 관광마케팅, 관광자원론, 외국어

관련 진출 분야 : 관광산업, 여행업

관련 자격증 : 여행 컨설턴트

정보를 얻을 수 있는 홈페이지나 기관 : 주한 뉴질랜드 대사관

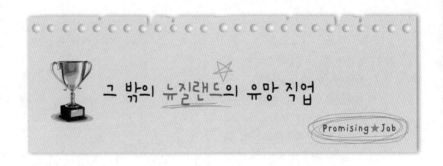

## 목공예사

뉴질랜드는 생각보다 나무가 울창하다. 그래서 다양한 나무 관련 직업이 존재한다. 그중에서도 나무로 특이한 공예품을 만들어 판매하는 목공예사가 유망 직업이다.

## 해양 탐험가

바다를 탐험하면서 해양의 물고기, 부유물, 바다 생물 등을 연구하는 해양 탐험가는 뉴질랜드에서 인기 직업이다.

자메이카는 카리브 해 북부 서인도 제도에 있는 섬나라로, 1655년 크롬웰의 파병 이후 영국의 식민지가 되었다. 그 후 서인도 제도에서 노예제도가 폐지되기까지 노예무역의 중심지가 되었던 역사를 갖고 있다.

초기 백인의 지배하에서 자메이카 흑인들은 아주 힘든 나날을 보냈다. 그러다 1831년 '새뮤얼 사프'가 일으킨 크리스마스 노예 반란으로 차츰 정치적인 힘을 갖게 되었고, 그 후 3년 뒤 영국은 노예폐지 법안을 통과시키고 자메이카 노예는 자유를 찾았다. 이 과정에서 기독교가 큰 역할을 한 까닭에 자메이카 인구의 반이 넘는 55퍼센트 정도가 기독교인이 되었다. 자유를 찾은 덕분에 자메이카 흑인들은 지금 행복한 삶을 살고 있다. 국민 소득은 낮은 편이지만 자메이카 사람들은 이곳에서 작은 것에 만족하고 감사하며 살아가고 있다.

오염되지 않은 아름다운 카리브 해의 자연 경관 때문에 크루즈 여행의 경유지가 되어 관광객이 늘어나고 있는 추세여서 자메이카에서는 관광가이드가 유망 직업으로 떠오르고 있다. 자연을 즐기고자 하는 관광객이 자메이카 오초리오스에 많이 찾아오고 있으며, 또 다른 자메이카의 명소인 '밥 말리' 박물관도 인기가 높다. 밥 말리는 자메이카의 가수로 1950년대 이후의 저항 정신을 음악으로 표현한 자메이카 빈민가 출신의 레게 음악가다. 그

가 인간의 자유를 이야기하며 녹음 작업을 했던 '터프공' 녹음실
터에 박물관이 지어졌고, 1층에 아직도 그 흔적이 남아 있다. 그
의 음악 속에 녹아들어 있는 저항 정신은 자메이카 흑인들의 고
단한 삶을 혁신적으로 변하게 하는 힘이 되었고, 이곳은 자메이
카의 역사를 엿볼 수 있는 관광코스로 각광받고 있다. 특히 유럽
인들은 이곳에서 관광가이드의 안내를 받는 것을 즐긴다. 그래서
관광가이드라는 직업의 유망세는 한동안 지속될 전망이다.

직업만족도 : ★★★★
소득 수준 : ★★★
미래 전망도 : ★★★
핵심 능력 : 여행지 정보력, 서비스 마인드
관련 학과 : 국제관광학과, 관광레저학과
도움이 되는 과목 : 관광학, 외국어
관련 진출 분야 : 여행 및 레저
관련 자격증 : 관광통역안내사
지원하는 방법 : 직접 지원
정보를 얻을 수 있는 홈페이지나 기관 : 한국관광공사, 여행사

## 그 밖의 자메이카의 유망 직업

Promising ★ Job

### 코코넛 농장주

더운 이 나라에서는 코코넛에서 나온 물이 대단한 인기를 얻고 있다. 코코넛에서 나오는 물이 갈증을 해소해 주는 것은 물론 건강에 도움을 주기 때문이다. 그래서 코코넛 농장주는 자메이카에서 인기 직업이다. 일정한 자본을 갖추어야 할 수 있지만 일단 코코넛 농장 주인이 되면 큰 부를 축적할 수 있다.

### 코코넛 판매상인

자메이카를 찾아오는 관광객들은 자연이 주는 무공해의 과일을 좋아한다. 그중에서 특히 코코넛 물의 인기가 높다. 여름이 길기 때문에 코코넛 물을 지속적으로 쉽게 구할 수 있어서 코코넛 물을 사고파는 코코넛 상인은 많은 돈을 벌 수 있는 유망 직업이 되었다. 다른 나라에서는 무공해 과일을 판매하기가 쉽지 않기 때문에 더욱 인기가 높다.

## 교복 디자이너

자메이카에서는 초등학생부터 고등학생까지 교복을 입는다. 국민소득이 낮은 자메이카에서 교복을 만들어 파는 일을 하는 교복 디자이너는 상당히 많은 현금을 만질 수 있는 직업이다. 한국에서 1960년대 교복 디자이너가 돈을 버는 유망 직업이었듯이 2010년대에서 2020년 정도까지는 교복 디자이너가 인기를 얻을 것이다.

# 건강 분야

사람들의 건강과 삶의 질이 향상되도록 하는 일을 하는 분야이므로 사람들에 대한 관심과 애정을 갖고 있어야 한다.

그러나 이 분야에서 성공하면 사람들과 어울려 일하는 직업인 만큼 보람을 느낄 수 있을 것이다.

개인의 운동을 탐구하고 비교하며 그에 따른 신체, 체력, 심폐 기능을 연구하는 사람을 운동생리 전문가라 한다. 운동생리학의 연구 주제는 어렵고 신비스러운 면이 강하다. 예를 들면, '농구선수 우지원은 운동 생리학상 무슨 장점을 지닌 것인가', '마라톤 국제대회에서 우승한 황영조 선수의 근력, 심폐 기능은 일반인과 어떻게 다른가' 등도 운동생리 전문가의 연구 주제가 된다.

세계적인 스포츠 선수를 키우기 위해서는 선수 자신도 물론 중요하지만 주변에서 운동선수 개인의 생리를 잘 알고 그에 알맞은 훈련 프로그램을 만들어 선수의 기량을 높일 수 있도록 도움을 줘야 한다. 수영 200미터에서 박태환이 미국의 펠프스를 이긴 것은 분명 본인의 피나는 노력의 결과이겠지만, 선수의 스포츠 생리와 운동 생리에 대한 철저한 분석을 통해 만들어진 과학적인 훈련 프로그램의 도움을 받지 않았다면 성공하지 못했을지도 모른다. 운동생리 분야도 마찬가지다.

운동생리를 알고 그에 알맞게 대처하는 일은 선수나 개인이 좋은 결과를 얻을 수 있도록 도와주고, 승부에 지대한 영향을 주게 된다. 이처럼 운동생리 전문가의 일은 의학과 매우 깊은 연관이 있다. 그래서 의학을 전공한 후에 운동생리 분야로 세분화해서 진출하는 경우가 많다.

운동생리 전문가가 되면 세계적으로 유망한 스포츠 선수 개인을 위해 일하기도 하고, 스포츠 연구원이 되어 기관에 속해서 일하기도 하며, 러시아처럼 국가 스포츠 기술 연구소가 발달한 나라의 국가 기관에서 연구 활동을 하기도 한다.

운동생리 전문가의 수입은 일정한 편이다. 하지만 스포츠 선진 자본주의 국가에서는 특별한 운동생리 특허를 내는 데 성공해서 높은 수익을 올리면 특별 보너스를 받기도 한다. 그래서 운동생리 전문가는 연구 결과를 특허로 등록한다. 스포츠도 이윤을 추구하는 하나의 사업이기 때문에 운동생리 특허분야도 경쟁이 치열하다. 영국의 프리미어 리거들이 부상을 당하면 본국에서 치료받기도 하지만 경우에 따라서는 운동생리 특허를 보유한 미국 병원에 보내져서 일정 기간 특정 운동생리 기술로 치료를 받기도 한다. 만약 누군가 스포츠 관련 생리치료술에 대한 기술 특허를 얻었다고 가정하면, 그는 그것으로 평생 먹고살 수 있다. 미국은 의료기술이 세분화되어 있고, 특히 운동생리 분야가 발전되어 있어 운동생리 전문가의 직업 전망이 밝다.

직업만족도 : ★★★★
소득 수준 : ★★★
미래 전망도 : ★★★★
핵심 능력 : 관찰력
관련 학과 : 스포츠의학과, 스포츠생리학과
도움이 되는 과목 : 스포츠생리학, 의학, 물리치료학
관련 진출 분야 : 스포츠의학, 물리치료, 스포츠 연구원

사람은 누구나 나이를 먹고 세월이 흐르면 노인이 된다. 노인이 되면 의학적으로 보살핌을 받아야 하는데, 이런 노인들을 의학적으로 치료하고 보호하는 일을 하는 사람을 노인 전문 의사라고 한다.

노인의 질병은 심리 상태에서도 많은 영향을 받지만 현대인들의 식생활과도 깊은 관련이 있다. 현대에는 열량이 높은 음식을 많이 먹지만 그에 비해 운동량은 부족해서 고혈압으로 고생하는 노인이 많다. 고혈압은 의사에 의한 꾸준한 관리가 꼭 필요한 질병이기 때문에 노인 전문 의사 중에는 고혈압을 전문적으로 연구하는 의사가 많다. 그 밖에도 요즘 노인들에게 많이 늘어나는 심혈관계 질병과 노인들의 고지혈증도 함께 연구하는 노인 전문 의사의 숫자가 늘어나고 있다.

전문가들은 2018년 이후가 되면 한국도 고령인구가 전체 인구의 14퍼센트 이상을 차지하게 될 것이라고 전망한다. 이런 시대가 되면 노인과 관련된 분야에서 유망 직업이 많이 나올 것으로 전망된다.

스웨덴에는 이미 많은 노인 전문 의사가 활동하고 있어 많은 노인이 노인 전문 의사와 도우미의 도움을 받아서 생활하고 있다. 일본도 점차 노인인구가 늘어나고 있는 실정이므로 노인들의 질병을 치료할 의사가 많이 필요해질 것이다. 그러므로 노인 전

문 의사의 수요가 늘어나서 일본에서는 노인 전문 의사가 유망

직업이 될 것이다.

## 〈노인 전문 의사〉가 되기 위한 준비    TIP

노인 전문 의가사 되고 싶다면 노인심리학을 공부해 두면 도움

이 된다. 노인의 심리를 알면 아무래도 치료의 효과를 높이는 데

도움이 될 것이다. 노인전문 의과대학에 입학해 의사 면허를 받

은 다음 전문의 과정에 들어가면서 노인의학을 전문적으로 연구

하고 임상의 경험을 갖추는 코스가 일반적이다.

직업만족도 : ★★★★
소득 수준 : ★★★
미래 전망도 : ★★★★
핵심 능력 : 의료 지식, 노화 연구
관련 학과 : 의학, 노인 복지학과
도움이 되는 과목 : 의학, 노인 심리학, 노인 상담학
관련 진출 분야 : 노인 병원
관련 자격증 : 의사 면허, 노인 심리 치료사
정보를 얻을 수 있는 홈페이지나 기관 : 노인 전문 병원

어병 치료사는 주로 바닷가에서 일하는데, 말 그대로 물고기의 병을 치료하는 일을 한다. 다양한 물고기의 질병과 생태 여건을 파악하고 그것을 바탕으로 물고기를 치유하는 것이다.

어병 치료사는 중국에서 유망한 직업이 될 것이다. 중국은 서해안에서 고기잡이를 발전시키고 있고, 양식업을 발달시키기 위해서 어병 치료 분야를 강화할 예정이기 때문이다.

어병 치료사 자격증을 따고 어병 치료사가 되면 연구소 등에 취직해서 어병치료학을 전문으로 연구하기도 하고, 어류 양식장과 계약을 맺고 정기적으로 어병 치료를 하기도 한다. 이런 경우, 보수는 어병 치료 횟수에 의해서 계산된다. 양식장에서 좋은 수확을 위해서는 어병 치료사의 도움이 꼭 필요하다. 대부분 물고기의 질병은 바다의 오염에서부터 시작되는데, 바다에 적조 현상이 심해지면 물고기도 병에 걸린다. 이럴 때에는 적조 현상에 대한 근본적인 치유도 필요하다. 그렇지 않고 적조 현상이 지속되면 물고기는 계속 병에 걸릴 것이다.

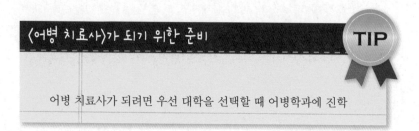

〈어병 치료사〉가 되기 위한 준비    TIP

어병 치료사가 되려면 우선 대학을 선택할 때 어병학과에 진학해야 한다. 그래야 전문 지식을 쌓고 자격증을 따는 것이 가능하다. 어병학과에서 공부하지 않으면 여간해서는 이 분야의 전문가로 성장하기 어렵다. 또 어병 치료사는 임상 과정 없이 그냥 바로 할 수 있는 직업은 아니기 때문에 바닷가 양식장에서 임상 경험을 하는 것이 좋다. 미생물학, 세포생리학, 어류생리학 등을 공부해 두면 물고기의 질병을 치유하는 데 도움이 될 것이다. 어병 치료사가 되려면 관찰력이 좋아야 한다. 그래야 물고기의 생태 여건을 파악할 수 있기 때문이다.

직업만족도 : ★★★
소득 수준 : ★★★
미래 전망도 : ★★★
핵심 능력 : 수산질병의학 지식
관련 학과 : 수산생명의학과, 해양생명의학과
도움이 되는 과목 : 수산생물의학, 수산생물임상의학, 수산질병관련법규
관련 진출 분야 : 바다 양식장
관련 자격증 : 어병기사, 수산질병관리사
정보를 얻을 수 있는 홈페이지나 기관 : 한국어병학회(www.ksfp.org)

인간은 누구나 문제를 갖고 있다. 때때로 어떤 문제는 혼자서 풀기에는 너무 힘든 경우도 있다. 이런 문제를 극복하도록 도와주는 사람이 인생 상담사다. 인생 상담사는 라이프 컨설턴트라고 불리기도 하는데 고민을 안고 찾아온 사람들의 이야기를 들어 주고 자문을 해 주는 일을 한다.

인생 상담사라고 해서 반드시 철학적인 이야기를 잘해야 하는 것은 아니다. 유명한 철학자인 니체에게는 그의 이야기를 잘 들어 주는 연인이었던 루 살로메가 있었다. 니체에게 루 살로메가 인생 상담사의 역할을 대신했던 것이다. 루 살로메는 철학적 지식 면에서는 니체보다 부족하지만 철학자 니체의 영혼을 들여다보고 사귀는 과정에서 니체와 많은 대화를 나누면서 용기를 주고 문제를 극복하도록 도움을 주었다.

모든 인간은 자기 인생의 무게를 느낀다. 무게를 느끼면서 살아가는 것이 바로 인생이다. 이런 인생의 무게에 대해 함께 고민해 주고, 이야기를 들어 주고, 자문해 주는 일은 아주 의미 깊은 일이 될 것이다. 인생 상담을 해 주려면 상대방의 고민에 대한 적절한 조언도 해 주어야 하고, 자신의 말에 따른 책임을 질 수 있는 지혜가 있어야 한다. 그래서 인생 상담사는 이런저런 지혜를 지닌 사람일수록 적합하다.

인생 상담사가 되기 위해서는 인생론, 스피치, 연령 심리학 등을 미리 공부해 두면 좋다. 이 직업은 이타적인 성격을 지닌 사람에게 적합하다. 철학과나 심리학과를 전공한 후 이 분야의 직업을 선택하는 것도 좋다. 물론 다른 전공자도 인생 상담사가 되는 것은 가능하다. 대학을 졸업하지 않았더라도 다양한 경험을 하면서 남의 이야기를 잘 들어 주는 그런 태도를 지닌 인재라면 인생 상담사로 성공해서 보람을 느낄 수 있을 것이다.

**직업만족도** : ★★★★
**소득 수준** : ★★★
**미래 전망도** : ★★★★
**핵심 능력** : 상담심리 전문 지식, 상담 능력, 커뮤니케이션,
**관련 학과** : 심리학과, 철학과, 사회복지학과
**도움이 되는 과목** : 심리학, 통계학
**관련 진출 분야** : 기업 내 상담소, 개인 상담 센터 등
**관련 자격증** : 상담심리사

자신의 인생에서 어떤 직업을 갖고 어떤 삶을 살아갈지에 대
해 미리 고민해 보고 생각하는 것은 매우 의미 있는 일이라고 생
각한다. 이처럼 인생의 직업을 설계하는 것을 커리어 디자인이라
고 한다. 이러한 커리어 디자인은 처음 직업을 선택하는 시기에
매우 중요하게 작용하는데 이 시기에 자신에게 알맞은 직업을 잘
선택하고 그에 필요한 준비를 미리 해 두면 좋다. 다른 직업들도
사전에 준비해야 할 사항이 많지만 미국의 남성 간호장교의 경우
커리어 디자인을 한 후 미리 준비해 두면 좀 더 유리하게 직업을
가질 수 있다.

남성 간호장교는 군대생활 중에 빈번하게 발생하는 응급상황
에서 군인의 치료를 도와주는 사람으로 국군 간호사관학교에 입
학해 훈련을 거쳐 임관된 후 부대에서 군의관을 도와 장병을 간
호하게 된다. 사실 예전에는 간호장교의 대부분이 여성이었지만
열악한 현장에서 육체적으로 강도 높은 일이 많아 남성에게 더
적합하다는 인식이 생겨났다. 그래서 우리나라와 미국을 비롯한
각국의 군에서 남성 간호장교를 육성하고 있다. 간혹 여성 간호
장교를 더 원하는 경우도 있지만 군대라는 직업 환경의 특성 때
문에 숙련된 남성 간호장교를 더 선호하는 데다가, 남성 간호장
교가 많지 않아서 더욱 인기를 얻고 있다.

남성 간호장교가 되면 응급실 업무, 비뇨기과 업무, 정형외과

업무도 함께 병행한다. 군인들이 부상을 당하는 상황에서는 남성 간호장교의 역할이 더욱 커지는데, 현장에서 환자들을 업고 의무대로 달려가거나 차량으로 이동해서 치료를 하기도 한다.

남성 간호장교는 군인 병원에 속해서 일하기도 하지만 사단 의무대에서 일하기도 한다. 의무대 소속 의사들과 응급환자를 치유하는 과정에서 간호하는 일이 이들의 몫이다.

미국 시민권이나 영주권을 갖고 미국 간호사 자격증이 있는 사람이라면 테스트와 훈련을 거쳐 미군 내의 남성 간호장교가 될 수 있다. 능력과 성과에 따라 한국에서는 장군계급인 준장까지 이를 수 있기 때문에 항상 남을 돕고자 하는 이타정신이 강한 남성이라면 도전해 볼 만하다.

## 〈남성 간호장교〉가 되기 위한 준비 TIP

남성 간호장교가 되기 위해서는 간호학, 생리학, 혈액학, 간호의 이론과 실무를 배우면 좋다. 간호사 국가 자격시험에 합격한 후 현장에서 의사와 다른 간호사와의 협력을 통한 간호 실습을 거쳐야 한다.

직업만족도 : ★★

소득 수준 : ★★★

미래 전망도 : ★★★

핵심 능력 : 의학 지식, 응급상황 대처 능력, 의사소통 능력

관련 학과 : 의학과, 생리학과

도움이 되는 과목 : 간호학, 재활학

관련 진출 분야 : 군의료 분야, 전문병원, 보건소, 산업간호사

관련 자격증 : 간호사 면허증

지원하는 방법 : 간호장교로 지원, 간호장교로 군 간부 모집에 응시

정보를 얻을 수 있는 홈페이지나 기관 : 간호 협회

# 진로 진단 적성검사

Supplement

이 적성검사는 2,300명의 커리어 임상 테스트를 통해서 연구되었습니다.

〈 질문지 바로 뒤 (   )에 ○으로 표기해 주세요 〉

## 01

감정적인 편이다. (   )

감정이 끌리는 대로 결정을 한다. (   )

쉽게 결정을 내리지 못한 적이 있다. (   )

감정 중심으로 결정하는 것을 감정적이라고 한다. 반면에 이성 중심으로 결정하는 것을 이성적이라고 한다. 구매에 대한 결정을 예로 들면 가방을 살 때, 감정적인 사람은 예쁘고 갖고 싶다는 감정이 들면 바로 산다. 이성적인 사람은 예쁘긴 하지만 지출에 대한 계획을 세워 놓고 그에 따라 구매를 미루거나 취소한다. 즉, 감정적인 사람은 예쁘고 갖고 싶은 물건을 계획에 없어도 즉시 산다. 하지만 이성적인 사람은 사고 싶은 물건이 있어도 지출계획에 맞춰 살지 말지를 결정한다. 자신을 되돌아보자. 감정에 이끌리는 대로 물건을 사는 편인지, 계획에 맞춰서 물건을 사는 편인지.

## 02

짐을 잘 정돈하는 편이다. (   )

방을 잘 정돈하는 편이다. (   )

방이 정리되어 있지 않아도 편하다. (   )

## 03

논리적인 편이다. (  )

비논리적인 편이다. (  )

논리적인 사람은 어떤 생각을 할 때, ABC 순서대로 생각하기 때문에 복잡한 이야기를 쉽게 말하거나 쓸 수 있다. 생각이 잘 정리되기 때문이다. 비논리적인 사람은 감정적인 사람과 비슷한데 A다음 C라고 생각하는 경우가 많다. 대부분 자기 위주로, 자신이 편한 대로 해석한다.

## 04

나는 내 이야기를 글이나 말로 발표하는 것을 좋아한다. (  )

나는 내 이야기를 글이나 말로 표현하는 것을 싫어한다. (  )

내 생각을 글로 잘 쓸 수 있다. (  )

내 생각을 글로 표현하기 어렵다. (  )

## 05

동작이 신속한 편이다. (  )

동작이 느린 편이다. (  )

여러 가지 일을 빠르게 처리할 수 있다. (  )

한 가지씩 천천히 일을 하는 것이 좋다. (  )

일을 빠르게 처리하는 편이다. (  )

시간이 걸리더라도 일을 천천히 처리하고 싶다. (  )

## 06

발언의 일관성이 높은 편이다. (　)
발언이 일관적이지 못한 편이다. (　)


내 신념과 원칙대로 이야기하는 편이다.(　)
이야기하다가 신념과 원칙이 바뀌는 편이다.(　)


## 07

계산에 밝은 편이다. (　)
계산에 어두운 편이다. (　)


지출계획을 잘 짜고, 저금을 하는 편이다. (　)
할부계획을 잘 짜고, 대출을 하는 편이다. (　)


친구 사이에서 손해와 이익에 대해 따진다. (　)
친구 사이에서 손해와 이익에 대해 따지지 않는다. (　)


수학을 잘한다. (　)
수학을 잘하지 못한다. (　)


## 08

동정심이 많은 편이다. (　)
냉정한 편이다. (　)
불우이웃돕기 성금을 내는 등 남을 돕기를 좋아한다. (　)
불우이웃돕기 성금을 내는 등 남을 돕는 일에 인색하다. (　)

**09**

리더십이 강한 편이다. (　)

리더십이 별로 없는 편이다. (　)


모임에서 나서기를 좋아한다. (　)

모임에서 리더가 되는 것이 부담스럽다. (　)


모임에서 나서는 사람을 돕는 것을 좋아한다. (　)

모임에서 나서는 사람을 돕는 것을 좋아하지 않는다. (　)


**10**

관찰력이 좋은 편이다. (　)

관찰력이 부족한 편이다. (　)

사물을 자세히 보는 것을 좋아한다. (　)

사물을 빨리 봐도 다 볼 수 있다. (　)


사람을 관찰할 때 꼼꼼하게 많이 지켜보는 편이다. (　)

사람을 잘 살펴보지 않는다. 사람에게 관심이 없다. (　)


처음 보는 사람을 자세히 보는 것을 좋아한다. (　)

처음 보는 사람을 빨리 봐도 다 볼 수 있다. (　)


친구의 머리 스타일이 바뀌었는지 바로 알아본다. (　)

친구의 머리 스타일이 바뀌었는지 관심 없다. (　)

## 11

말이 많은 편이다.( )

말수가 적은 편이다.( )


말하는 것을 좋아한다. ( )

말 듣는 것을 좋아한다. ( )


## 12

지나간 일을 잘 기억한다. ( )

지나간 일을 기억하기 힘들다. ( )


## 13

그림을 잘 그린다. ( )

그림을 그리는 것은 어렵다. ( )


## 14

분석적인 편이다. ( )

분석력이 약한 편이다. ( )

음식의 성분을 잘 분석한다. ( )

음식의 성분을 분석하지 않고 먹는다. ( )


갈등이 있는 일의 내막을 분석하게 된다. ( )

갈등이 있는 일의 내막을 분석하지 않는다. ( )

**15**

외국어를 배우는 것이 즐겁다. (   )

외국어를 배우는 것이 어렵다. (   )


우리말이 쉽다. (   )

우리말도 어렵다. (   )


**16**

이기적인 편이다. (   )

이타적인 편이다. (   )


나와 다른 사람의 이익이 충돌할 때 나를 먼저 생각하는 편이다. (   )

나와 다른 사람의 이익이 충돌할 때 다른 사람을 배려하는 편이다. (   )


**17**

상대방 말속의 오류를 잘 찾아 지적하는 편이다. (   )

상대방 말속의 오류를 알게 되어도 그냥 지나간다. (   )


**18**

돈을 더욱 많이 벌고 싶다. (   )

돈을 최대한 많이 벌고 싶다. (   )

돈은 필요한 만큼만 벌고 싶다. (   )

돈을 많이 버는 것이 두렵다. (   )

**19**

승진하고자 하는 욕구가 강한 편이다. (  )

승진하고자 하는 욕구가 약한 편이다. (  )


내가 일을 잘하게 되었을 때, 책임 있는 자리로 이동하고 싶다. (  )

내가 일을 잘하게 되었을 때도, 책임 있는 자리보다는 지금의 자리가 좋다. (  )


**20**

승부 근성이 강한 편이다. (  )

승부 근성이 약한 편이다. (  )

이기고 지는 스포츠나 게임을 좋아한다. (  )

이기고 지는 스포츠나 게임을 싫어한다. (  )


**21**

상대의 말을 경청하는 편이다. (  )

상대의 말을 경청하지 않는 편이다. (  )


**22**

스포츠에서 내가 응원하는 팀이 지면 자연스럽게 화가 난다. (  )

스포츠에서 내가 응원하는 팀이 져도 화가 나지 않는다. (  )


**23**

내가 하고자 하는 일에 대하여 기존방식을 따르는 것이 편하다. (  )

내가 하고자 하는 일에 대하여 새로운 아이디어가 많다. (  )

**24**

여행을 즐기는 편이다. (　)

여행은 피곤하다. (　)


**25**

운동을 즐기는 편이다. (　)

운동을 즐기는 편은 아니다. (　)


**26**

뉴스에 민감한 편이다. (　)

뉴스에 둔한 편이다. (　)

새로운 뉴스에 감정적으로 쉽게 반응한다. (　)

새로운 뉴스를 호기심에서 찾아서 본다. (　)

새로운 뉴스에는 관심이 없다. (　)


**27**

파티를 즐기는 편이다. (　)

파티를 즐기지 않는다. (　)

친구들과 만나는 것을 즐기는 편이다. (　)

혼자 있는 것을 즐기는 편이다. (　)


**28**

자료를 자주 기록하는 편이다. (　)

기록을 잘 하지 않는 편이다. (　)

**29**

손가락을 이용해서 무엇을 만드는 것을 좋아한다. ( )

뜨개질, 컴퓨터 조립, 요리, 장난감 등 손으로 무엇을 만드는 것은 서툴다. ( )


**30**

음악을 듣고 부르는 것을 즐긴다. ( )

음악을 듣고 부르는 것을 즐기지 않는다. ( )


**31**

국사, 세계사는 재밌다. ( )

국사, 세계사는 재미없다. ( )

국사, 세계사를 통해 미래의 흐름을 읽을 수 있다. ( )

국사, 세계사를 통해 미래 흐름 파악이 어렵다. ( )


**32**

다른 사람을 잘 설득하는 편이다. ( )

설득하는 것은 어렵다. ( )


**33**

협상에서 내가 원하고자 하는 것을 얻는다. ( )

협상에서 원하는 것을 얻기가 어렵다. ( )


**34**

드라마를 보다가 잘 울고, 웃으면서 몰입해서 본다. ( )

드라마를 보면서 재미는 있지만, 희로애락은 잘 느끼지 않는다. ( )

**35**

세상 물정에 대해서 옳고 그른 것을 판단하는 능력이 있다. (  )

서로 다른 일이나 사물을 구별하여 가르는 능력이 있다. (  )

**36**

기회가 되면 물건을 타인에게 파는 센스가 좋은 편이다. (  )

물건을 파는 센스가 부족하다고 생각한다. (  )

**37**

생각나는 대로 말하는 편이다. (  )

말을 할 때 신중하게 하는 편이다. (  )

남에게 말로 상처를 줘도 된다고 생각한다. (  )

남에게 말로 상처를 줘서는 안 된다고 생각한다. (  )


친구를 위해서, 말로 상처를 줘서라도 바꿔야 한다고 생각한다. (  )

상처가 되는 말은 친구를 위해서 하지 않는다. (  )

**38**

기억력이 좋다. (  )

기억력이 좋지 않은 편이다. (  )

**39**

미학적 상상력이 좋은 편이다. (  )

미학적인 감각이 좋지 않은 편이다. (  )

**40**

집 안에 하루 종일 있어도 지루해하지 않는 편이다. (　)

집 안에 하루 종일 있으면 매우 지루해하는 편이다. (　)


**41**

사무적으로 일을 처리하는 편이다. (　)

창조적인 방법으로 일을 처리하려고 노력하는 편이다. (　)


**42**

문제점을 파악하면 해결책을 찾아 가는 편이다. (　)

문제를 발견해도 해결책은 타인에게 미루는 편이다. (　)


**43**

맡은 일은 차분히 준비해서 일하는 편이다. (　)

즉흥적으로 일하는 편이다. (　)


**44**

해외 근무에 흥미가 있다. (　)

국내 근무가 더 편하다. (　)


**45**

시간이 되면 책을 즐겨 보는 편이다. (　)

책은 즐겨 보지 않는 편이다. (　)

**46**

과학과목에서 2학기 이상 성적이 좋은 시기가 있었다. (  )

과학과목에서 성적을 올린 기억이 없다. (  )


**47**

10년 후 되고 싶지 않은 직업 2가지는? (1.            2.            )


**48**

단체로 어울려 일하기를 즐기는 편이다. (  )

혼자서 일하기를 즐기는 편이다. (  )


**49**

무대의 주인공이 되고 싶다. (  )

무대의 주인공보다는 주인공을 돕는 일을 하고 싶다. (  )


**50**

10년 후에 되고 싶은 직업 3가지는?

(1.                    )

(2.                    )

(3.                    )

# 〈 kkkls 진로 진단 적성검사 유형 〉

## 01 지식저축 프로듀서형

지식을 저축하는 일에 흥미를 가진 유형이다. 이런 사람은 단 하루라도 새로운 뉴스나 책을 읽지 않으면 입안에 가시가 돋는다.
방송국 프로듀서, 저널리스트, 시사평론가. 정치 컨설턴트, 교수, 다큐멘터리 연출가 등의 직업을 목표로 삼아 커리어 디자인을 하면 좋다.

## 02 조형미학 추구형

일을 하면서 항상 멋을 생각한다. 멋진 일을 하고 싶어 한다. 패션 디자이너, 제품을 디자인하는 제품 디자이너, 그릇의 모양새를 만드는 용기 디자이너 등 디자인 분야의 직업을 진로로 삼으면 좋다. 미학적 상상력이 좋은 인재들이 이런 분야의 직업을 갖는 것이 좋다. 단, 이 분야에서 일하려면 그림을 그리는 기초능력을 갖춰야 한다.

## 03 스토리 구성형

기승전결(起承轉結)의 이야기를 만드는 일을 좋아하는 사람이다. 상상력이 좋고 이야기 구조를 잘 만드는 특징을 가졌다. 문장력도 좋으며 이야기 속에 등장하는 인물의 캐릭터도 잘 만들어내는 편이다. 방송드라마 작가, 영화 시나리오 작가, 컴퓨터 게임스토리 전문가, 영화감독 등의 분야에 진출하면 적합한 유형이다.

## 04 소리 디자인형

특별히 음률을 감지하는 능력이 있는 인재다. 소리에 민감하고 음에 대한 기억력이 좋은 편이며, 사운드를 디자인하는 일에서 두각을 나타낸다. 리듬에서 영감을 얻어 작곡을 하기도 하며, 게임음악 작곡가, OST 작곡가, 대중음악 작곡가, 영화 음악 작곡가, 사운드 디자이너의 분야로 가는 것이 가능하다.

## 05 진실 저울형

진실을 파헤치는 일을 좋아하는 사람이다. 이들은 일반 기자, 탐사 프로그램 전문기자, 분쟁 전문기자, 법조인 등 어떤 사실을 파악하고 규범을 지키기 위해 노력하는 분야에서 적성을 살릴 수 있다.

일반 대학을 졸업한 후 로스쿨에 진학해서 국제 중재 전문 변호사, 기업 인수 합병 전문 변호사의 길을 가는 것이 좋다. 판사로서 사실을 올바르게 해석하는 일에서 두각을 나타낼 수도 있다. 저울같은 형평성을 적용해서 재판을 하는 판사의 직업을 수행하는 데 적합하다.

## 06 자산 리스크 평가형

경기 변동에 아주 민감하고, 경기 변동에서 축재가 가능한 길은 어디에 존재하는지를 탐구한다. 항상 재산 축적에 관심을 기울이면서 자산 리스크의 감소를 위해서 무엇을 할 것인지를 파악하는 것을 좋아한다. 이런 유형은 금리, 부동산 가격 변동에 민감하고 금융 리스크를 다루는 일에 적합하다. 이런 사람은 은행원, 증권회사 직원이 돼서 일하는 것이 적합하다. 신용평가 회사의 직원도 이런 적성을 가진 이들에게 적합하다.

## 07 이타(利他) 헌신형

이타적이어서 남의 입장을 우선적으로 생각하는 특성을 지닌 적성을 가진 이들이다. 남을 먼저 챙기면서 헌신적으로 일하는 것이 이들의 특성이다. 항상 남의 이익을 먼저 생각하고 전체를 생각하면서 처신하는 편이다. 비행기

조종사, 유람선 선장, 사회 복지사, 경찰, 군 부사관, 군 장교가 이들에게 적합한 직업이다. 장교의 경우 이런 특성으로 인해 리더십을 발휘할 수 있다.

## 08 자연자원 친화형

자연과 더불어서 생활하는 경우에 행복을 체험하는 직업 적성을 지닌 이들이다. 자연을 통해서 작물을 심고 자라게 하고 수확하는 일을 좋아한다. 과학 영농의 기법으로 일하는 작물 육종 농부, 물고기의 질병을 치료하는 어병 치료사, 환경 전문가 등이 이런 적성을 지닌 이들에게 적합하다. 사계절을 기다리는 인내심과 생물자원에 대한 애정을 지닌 이들에게 알맞은 직업 진로다.

## 09 근력 승부형

스포츠에 가장 흥미가 있으며 지구력을 갖고 임하려는 경향이 강한 인재들이다. 동작이 느리면 안 된다. 이들은 항상 도전하고자 하는 의지와 승부 근성이 강한 특징을 갖고 있다.
야구 선수, 축구 선수, 농구 선수, 테니스 선수 등이 이런 적성을 가진 이들에게 가장 적합한 직업이다. 이 분야에서 일하려면 판단력과 협조하는 능력이 좋아야 한다. 근력이 강하고 부상에서 쉽게 회복하는 체력이 뒷받침되면 유리하다.

## 10 현상 분석가형

사회현상을 조사하고 분석하는 적성을 가진 사람은 분석가형으로 분류가 가능하다. 항상 무엇인가 문제의식을 지닌 이들이 이런 직업을 갖는 데 적합하다.
현상을 나누고 현상의 배경을 조사하고자 하는 의도를 가진 이들이 일하기에 가장 적합한 영역으로, 사회조사연구원이 되면 좋다. 개인과 조직의 신용분석가도 이런 적성을 가진 이들에게 적합하다.

## 11 대중 협상형

사람 사이의 관계에서 친화력이 좋으며 외국어 학습 능력이 좋은 인재들이다. 협상을 잘하고 협상의 과정에서 설득하기도 한다. 해외시장 개척가, 유엔 기구 진출 국제공무원, 외무부 대사, 외교관 등이 이런 적성에 적합한 인재의 직업으로 알맞다. 노무사도 이런 적성의 보유자들이 하기 편한 직업이다. 시민 단체 리더, 분쟁지역 파견 특사, 스포츠 구단에 선수를 진출시키는 스포츠 에이전트도 이런 직업 적성을 지닌 인재들에게 적합한 직업 진로다.

## 12 규범형

일에서 규정과 규범을 중시하며, 규범에 근거해서 의사결정을 하려는 경향이 강한 인재들이다. 규범적으로 해석하고, 나누고, 시행하는 일을 한다. 공무원, 공사 직원, 판사, 검사 등 법조인은 물론 금융감독 직원 등도 규범형 인재들이 진출하기에 좋은 직업 진로다.

## 13 언어 프리랜서형

자유롭게 말하고 활동하는 직업 유형이다. 언어치료사, 웃음 강사, 코미디언은 물론 드라마 작가, 저널리스트, 오페라 연출자, 대중가요 작사가, 광고회사 카피라이터, 소설가, 경제평론가 등이 이런 성향의 인재들에게 가장 적합하다. 이들은 가장 첨단 분야에서 역사를 만들기도 하고 현장에서 활동하는 경향을 지닌 인재다.

## 14 현실 이익 친화형

단체로 일하는 것을 좋아한다. 서로 협력하는 가운데 행복감을 느끼는 유형으로 대기업 직원, 은행 증권사 직원에 아주 어울리는 직업 적성을 지닌 인재다. 계산이 상당히 빠르고, 돈을 추구하는 경향이 강하다. 펀드 매니저, 기업의 인수합병 전문가로 직업 진로를 택하는 것이 유익하다.

## 15 기술 엔지니어형

기술 배우기를 즐긴다. 하나의 기술에서 다른 기술을 배우기를 좋아한다. 무엇보다 손가락 협응 능력이 좋은 인재들이 이런 유형의 적성을 갖고 있다. 보일러 기술자, 반도체 비메모리 설계사, 치과의사로 진로를 정하면 좋다.

## 16 무대 스타형

자기를 존중해 주는 이들에게 과잉 충성하는 유형이다. 팬이 몰려오면 행복에 겨워하다가 팬의 반응이 시들해지면 우울증에 걸릴 가능성이 높은 유형이다. 이런 유형은 대중가요 가수, 영화배우, 탤런트 쪽으로 직업을 선택하면 좋다. 서예가, 바둑 기사도 이런 무대 스타형에서 많이 배출되는 경향이 있다. 걸그룹 가수, 방송 MC, 전문 강연자, 정치인, 아나운서, 목회자 중에는 이런 무대 스타형 인재가 많은 편이다.

당신은 이중 어느 유형에 속하십니까? 당신의 진로는 어느 방향이 최적이라고 생각하십니까?

(위의 진로 진단 적성검사는 김준성 직업 노동 연구원장, 김경하 부원장, 김문하 총무 부원장, 이정민 기획이사, 신은순 리서치 이사의 공저(共著)입니다.)

# 내 인생을 바꾸는 세계의 일자리

김준성 지음

발 행 일  초판 1쇄 2014년 06월 09일
　　　　  초판 2쇄 2014년 06월 23일
발 행 처  평단문화사
발 행 인  최석두
기 　 획  (주)엔터스코리아 작가세상

등록번호  제1-765호 / 등록일 1988년 7월 6일
주 　 소  서울시 마포구 서교동 480-9 에이스빌딩 3층
전화번호  (02)325-8144(代)  FAX (02)325-8143
이 메 일  pyongdan@hanmail.net
I S B N  978-89-7343-394-0  (03320)

* 잘못된 책은 바꾸어 드립니다.

이 도서의 국립중앙도서관 출판시도서목록(CIP)은 서지정보유통지원시스템 홈페이지(http://seoji.nl.go.kr)와
국가자료공동목록시스템(http://www.nl.go.kr/kolisnet)에서 이용하실 수 있습니다.
(CIP제어번호: CIP 2014014954)

저희는 매출액의 2%를 불우이웃돕기에 사용하고 있습니다.